中国海洋文化丛书

沧浪为我洗烟烽
—— 清代晚期船政

陈贞寿 著

 中国大百科全书出版社

图书在版编目（CIP）数据

沧浪为我洗烟烽：清代晚期船政 / 陈贞寿著. --北京：中国大百科全书出版社，2018.12
（中国海洋文化丛书）
ISBN 978-7-5202-0419-4

I. ①沧… II. ①陈… III. ①海战—战争史—中国—清代 IV. ①E295.2

中国版本图书馆CIP数据核字（2018）第293764号

《沧浪为我洗烟烽——清代晚期船政》

策划编辑：	徐世新
责任编辑：	程忆涵
责任印制：	邹景峰
装帧设计：	周旻琪
出版发行：	中国大百科全书出版社
社　　址：	北京阜成门北大街17号
邮政编码：	100037
电　　话：	010-88390718
网　　址：	http://www.ecph.com.cn
印　　刷：	北京美图印务有限公司
开　　本：	710mm×1000mm　1/16
字　　数：	75千字
印　　张：	9
印　　数：	1~2000册
版　　次：	2018年12月第1版
印　　次：	2018年12月第1次印刷
ISBN 978-7-5202-0419-4	
定　　价：	28.00元

第一章　船政在海防建设和反侵略斗争中的表现 / 001

　　第一节　挫败日本侵台巩固海防 / 001
　　第二节　中法马江海战 / 010
　　第三节　马江海战的余音 / 033
　　第四节　马江英烈 / 047
　　第五节　为何如璋剖白 / 051

第二章　甲午海战与方伯谦冤案 / 062

　　第一节　船政毕业生促进北洋水师成军 / 062
　　第二节　船政毕业生在丰岛、黄海、威海海战中的表现 / 069
　　第三节　方伯谦沉冤百年终获昭雪始末 / 084

第三章　重建海军、辛亥革命中的船政毕业生 / 113

第一节　甲午战后船政毕业生任职情况 / 113
第二节　反对意大利租借三门湾的船政出身的海军将领 / 122
第三节　在日俄战争中捍卫海疆主权 / 123
第四节　船政毕业生在辛亥革命中的作用 / 125
第五节　清末福建船政大臣总汇 / 134

第一章 船政在海防建设和反侵略斗争中的表现

第一节
挫败日本侵台巩固海防

　　1874年5月7日，日本利用琉球国难民船（渔船）在中国台湾南部牡丹社与当地人民发生冲突事件，开始派舰入侵台湾，清政府遂派沈葆桢巡台，并调淮勇7000和船政所属轮船舰队赴台，相持8个月。日本见无胜算可操，遂在英公使帮助下与中国进行谈判，主和派奕䜣、李鸿章却做出可耻的让步，赔款50万两，以换取日本撤军，变相承认琉球是日本属土，助长了日本此后对华的扩张野心。

一、琉球原是中国的属国

　　琉球群岛原有36岛，北部9岛，中部11岛，南部16岛，分山南、山北、中山3部分。明洪武五年（1372），中山王统一琉球，朝贡中国，得到明廷的册封和厚赐。从此直至清朝，琉球国每一个国王继立必表贡册封，举世公认琉球是中国的属国。

　　琉球人在北京的生活，与中国人传统生活毫无差别。

琉球国贡使海舶在福州港湾下碇

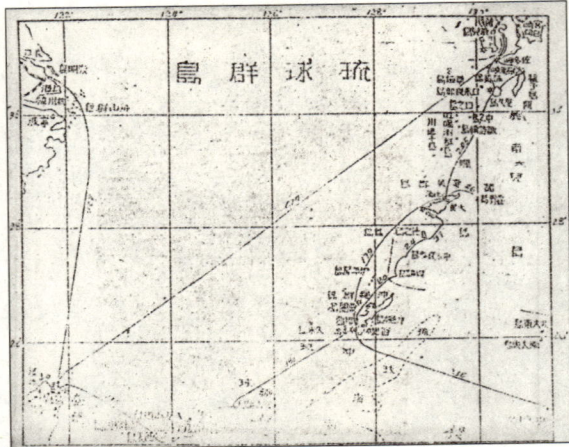

守礼门

中国称誉琉球国为守礼之邦，琉球首都守礼门"守礼之邦"门额至今不易。

清廷册封使至琉球册封行列图

第一章
船政在海防建设和反侵略斗争中的表现

琉球首都首里城王宫正殿以中国的龙为装饰

琉球尚敬王书写的匾额"致和"（拓本）用乾隆年号

留居北京的琉球人（水墨画）

二、日本萨摩藩的入侵

由于琉球北部靠近日本萨摩藩，常遭侵略。1609年（明万历三十七年），萨摩藩主岛津家久派兵3000，将琉球王尚宁掳回鹿儿岛，逼他写下誓书15条，才允许归国。从此逐渐形成琉球群岛中日两属的局面。清廷全然不知。

岛津久治，日本萨摩藩主

岛津家久（1576~1638）
　　日本萨摩藩主，1609年3月发兵3000入侵琉球，掳琉球王尚宁回鹿儿岛。

琉球王尚宁（1564~1620）

被日本掳去，逼他写下誓书15条，才允归国。从此逐渐形成琉球群岛中日两属的局面。但琉球仍以中国为正统宗主国。

琉球王世子尚丰（1590~1640）

因父王尚宁薨逝，奏宜承袭，崇祯帝封其为琉球国中山王，嗣理国政（1629）。

琉球王尚贞（1645~1709）

康熙二十一年（1682）册封琉球中山王。

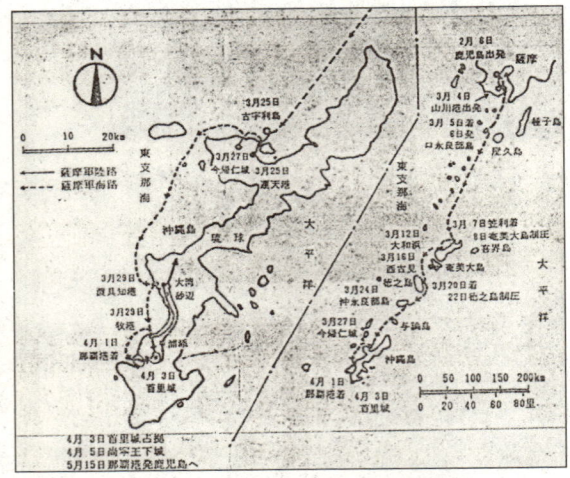

萨摩藩军队入侵琉球路线图

明崇祯帝封尚丰琉球国中山王的敕谕

琉球国王不仅受中国册封，且用中国年号，以示尊中国为宗主国。

第一章
船政在海防建设和反侵略斗争中的表现

1854年琉球与美国修订的条约书用咸丰四年纪年

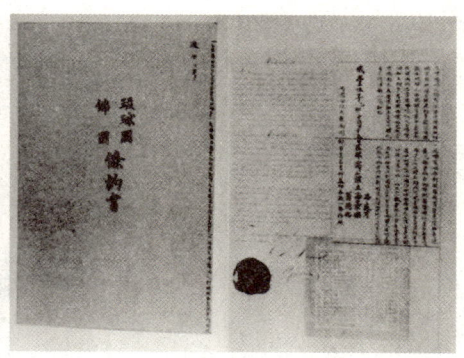

1855年琉球与法国修订的条约书用咸丰五年纪年

康熙四十年（1701）琉球国进贡正使毛得范病逝赐葬福州长安山

长安山（今福建师大校园内）琉球国臣民墓之一

琉球与福州关系特别密切，福州建有琉球馆，有琉球国大批臣民的坟墓，琉球递京文件多由福建督抚驿转。

三、日本借口琉球渔民被害派舰队侵台

1874年2月，日本在长崎设台湾番地事务局。

琅峤社即今恒春，1871年琉球渔民漂流至此，与台湾居民发生冲突，日本借事生风，强说琉球渔民是日本管属之民。

日军从横滨出发经长崎南下入侵台湾。

1874年5月7日，日本军舰7艘载兵2000余人，在琅峤湾登陆。

康熙帝铸"琉球国王之印"赐尚贞

005

救助琉球难民的杨友旺

同治十年琉球渔民66人在台湾垣春登陆，遭牡丹社人民袭击，12人得汉人杨友旺救助脱险。

侵台的日本舰队离开横滨

日本向美国租"纽约"号，向英国租"约克"号，连同日本军舰"日进""立春""三国""高砂""牧源吾"及"有功丸""大有丸""北海丸"等于1874年从横滨出动。

日本明治天皇（1852~1912）

日本近代化的推动者，使日本成为东方强权国家。为使侵台借口得以成立，1872年"册封"琉球国王尚泰为日本藩主，1874年5月派西乡从道率舰队入侵台湾。

率舰队入侵台湾的日本"台湾征讨都督"西乡从道海军中将

（征韩派首领西乡隆盛之弟）

日本入侵台湾的"日进"号等军舰

006

第一章
船政在海防建设和反侵略斗争中的表现

抗击侵台日军的高山族战士

日军侵犯台湾牡丹社之石门战场

西乡从道和侵台日军在台湾留影

登陆日军从琅峤湾向牡丹社进攻

四、沈葆桢巡台

大批日军登陆台湾，清政府命船政大臣沈葆桢巡台。船政后学堂首届驾驶班毕业生方伯谦以五品军牌"随节赴台，教练行营精兵"。沈一面命"扬武"巡洋舰载台防同知傅以礼驶抵琅峤社察港，一面会晤西乡从道，一面侦察敌情，并派船政学堂见习生严复、林泰曾、刘步蟾等乘"长胜"舰赴台测量苏澳等港口，获知日军有两艘铁甲舰为中国之患，随即急调各省军舰回马尾基地，并向清廷建议立

1874年5月7日日军在台湾南部琅峤湾登陆

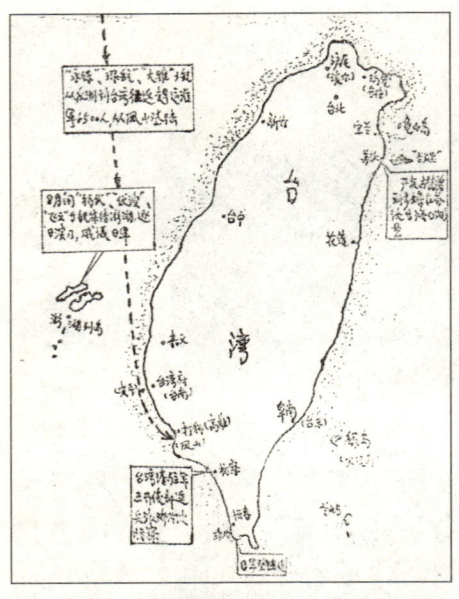

沈葆桢台湾御倭部署示意图

台湾苏澳港

恒春古城西门

恒春古城东门

集结在马尾的部分中国军舰

沈葆桢一面在台南、台北增募营兵，一面急调分驻各省各口的军舰返回马尾基地，6月上旬在马尾的军舰计有"扬武""伏波""安澜""飞云""济安"等舰。

第一章
船政在海防建设和反侵略斗争中的表现

恒春古城南门

沈葆桢赴台座舰"伏波"号

即向外国购买两艘铁甲舰,并要求派洋枪队5000人赴台,李鸿章答应派淮军13营。6月14日沈葆桢率"伏波""安澜""飞云"3舰东渡赴台,一面谈判,一面加紧战备。

恒春古城位于台湾屏东县恒春半岛最南端的恒春镇,是台南著名的古迹。沈葆桢在台期间,经过详细观察,认为台湾孤悬海中,是东南沿海7省的屏障,而且物产丰富,列强早就垂涎三尺,如不好好经营,早晚要落入外人之手。因此,他奏请朝廷在台湾增设府县,清廷完全采纳。为防日军再次入侵,清廷命沈葆桢为钦差,统筹台湾海防事务。沈葆桢旋于光绪元年(1875)在"琅峤"筑城设县,历时4年完成。因这里四季如春,便更城名为恒春。恒春城的东西南北四座城门上都建有城台、城楼、炮台及马道,并设有护城河环绕。筑城所用红砖取自福建闽南,城高2丈、厚8尺、周长972丈。

《北京专条》

大清钦命总理各国事务和硕恭亲王

为会议条款互立办法文据事:照得各国人民有应保护不致受害之处,应由各国自行设法保全,如在何国有事,应由何国自行查办。兹以台湾生番曾将日本国属民等妄为加害,日本国本意为该番是问,遂遣兵往彼,向该生番等诘责。今与中国议明退兵并善后办法,开列三条于后:

(一)日本国此次所办,原为保民义举起见,中国不指以为不是。

(二)前次所有遇害难民之家,中国定给抚恤银两,日本所有在该处修道、建房等件,中国愿留自用,先行议定筹补银两,别有议办之据。

(三)所有此事两国一切来往公文,彼此撤回注销,永为罢论。至于该处生番,中国自宜设法妥为约

沈葆桢巡台时绅商集资兴建的台北府城承恩门(北门)旧观

束，以期永保航客不能再受凶害。

同治十三年九月二十二日

明治七年十月三十一日

经过反复交涉、谈判，并经英国公使威妥玛调停，1874年10月31日签订中日《北京专条》，主要内容是：

（一）中国承认日本此次武装侵略台湾是"保民义举"，"中国不指以为不是"。

（二）日本从台湾全部退兵。

（三）中国"准给抚恤银十万两"，赔偿日本侵略军"在台地方所有修道、建房等件"银四十万两。

中日谈判的结果是中国退让、赔偿，日本退兵。

因条约承认日军侵台是"保民义举"，这实际上是承认了琉球人是日本国属民，给日本尔后正式吞并清廷的藩属国琉球以口实。

第二节

中法马江海战

一、中法马江海战的历史背景

英国武力征服印度后，即谋从印度向中国西藏扩张，以实现分割中国西藏的目的。同治年间，英国先后吞并中国的属国不丹、哲孟雄（锡金），开拓入藏的道路。1876年英借口马嘉理事件，逼中国签"烟台条约"，获得了入藏"探路"的特权。当中法战争时，英乘机灭亡了中国的藩属缅甸。新疆建行省后，英、俄争夺帕米尔，俄欲取以通印度，英为防俄南下向清提出割让帕米尔的要求。俄决定加紧侵吞帕米尔，将帕米尔纳入俄国版图。英趁机向北扩张。与此同时，法国大规模入侵越南，染指中国，中国西南边陲燃起了报警的烽火。

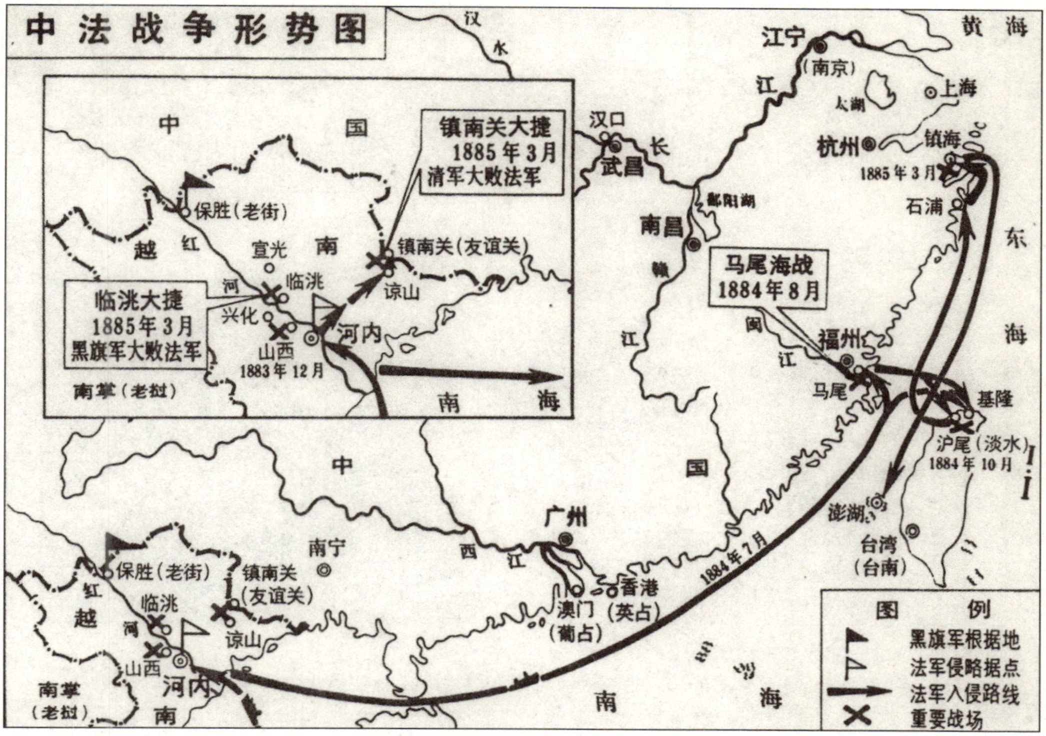

第一章
船政在海防建设和反侵略斗争中的表现

中法战争形势图

（一）法国入侵越南，舰队伺机进攻闽台

越南北部从秦到五代都是中国的郡县，到宋始立国，仍为中国藩属。19世纪后半期，法国进攻越南。越南被迫求和，成了法国的保护国。法国一再向北扩张，遭到刘永福黑旗军和清军的阻击。1884年6月，法军在谅山观音桥向清军发动袭击，遭到失败，乃决计利用其海军优势夺取基隆和福州，据地为质，迫使清廷屈从谋和。6月26日法国编成远东舰队，以孤拔为司令，于7月率舰队抵达闽江口，伺机进攻闽台。

刘永福（1837~1917）

　　广西人，他领导的黑旗军是太平天国一支农民起义军，革命失败后退入越南境内以保胜（老街）为据点，军垦自存，曾在河内重创法军，被越南王授予三宣提督。中法战争结束被调回国，任南澳镇总兵，后防守台南，并参加领导台湾人民的反割台斗争。

刘永福黑旗军的军旗

中法战争越南北部战场形势图
　　1883年12月，孤拔率法军6000人进攻驻有清军和黑旗军的山西，中法战争开始。

一再进犯越南北部的李维业
　　1882年4月法国海军上校李维业（左一）率军攻占河内，清廷派兵进驻越北并联络刘永福以防法。次年3月法军陷南定，5月刘永福在纸桥大败法军，击毙李维业。

19世纪后半期法国派舰队入侵越南

第一章
船政在海防建设和反侵略斗争中的表现

《顺化条约》

1883年5月纸桥败绩后,法国不甘心失败,分兵两路:北攻黑旗军,再次失败;南攻顺化,取得胜利,迫使越南签订《顺化条约》,否认中国在越南的宗主权。

一八八三年八月二十五日越法顺化条约

（顺约）之二

（福禄诺）（东京）特派员致法兰西共和国全权代表前法国驻顺化代办总官、特派员驻顺化代办、奥利特派员驻巴理士著军机处、巴西定工头军伟特派员的副官、爱斯法国西路外驻华警署玛西土著军机处、另一方代表安南政府、阮仲合（字外交大学士）阁下，正值协办之观点上所有的此类通商关系在欧洲外交的法律之观点上所有的后果並即法国政府越南安南政府與包括中国在内的一切外国的关系方面政府只能經過法国作外交上的交付得與禁外国等作外交上的交往

第二条
将(SinBinh)省划归安南归安所

变部的法国属地

旋战旋和的慈禧太后

清廷最高统治者慈禧太后,外受法国逼迫,内受抗法舆论压力,一面增兵边防,似有抗法决心;一面害怕战争危及统治,授权李鸿章进行谈判。由于和战不定、旋战旋和、急战急和,结果和战两误、贻误战机,招致法国不胜而胜,中国不败而败。

极力反对和约的陈宝琛

时任内阁学士、礼部侍郎衔,在江西典试,他认为中越"唇亡齿寒","法意在蚕食,和约断不可凭",是将"已失之地既弃之如遗,未陷之城亦拱手相授",无利有弊。一再上疏"速决戎期",并请旨"举义师以平其难",说"越南未失,则战易而和亦易,越南若失,则和难而战更难"。1884年5月,任钦差中法和谈会办大臣。

光绪十年（1884）二月初二日《申报》刊载法国攻打北宁刘帅大获全胜图

013

（二）拟定《中法简明条款》

法将杜森尼率军向谅山进攻
1884年6月23日，法为迫使清军撤退，单方在谅山观音桥向清军袭击，被清军击退，死伤近百人。史称"谅山事件"或"北黎事件"。

《中法简明条款》
　　承认法国对越南的保护；同意在中越边境开埠通商；声明调回中国军队，等等。原订7条，后因中国在中越一带无电报，取消了撤军的限期2条（谅山华兵限50天，保胜华兵限100天撤还）。《申报》发表5条后即遭各方反对。

力主和局的李鸿章
　　与法国水师总兵福禄诺在天津拟订了《中法简明条款》五条，满足了侵略者的全部要求。

　　董元度，时任北洋水师学堂监督，与罗丰禄同持福禄诺删稿原件至沪参加和谈的人，他所论《甲申贻误记》足供印证，谅山事件应由法方负责。

清军在观音桥抗击法国侵略者大获全胜（绘画）

第一章
船政在海防建设和反侵略斗争中的表现

（三）谅山事件

6月28日（闰五月初六日）

法署使谢满禄（Se mallè）照会总署，北黎事件中国应负开衅之责。

6月29日（闰五月初七日）

总署复照：《天津简约》未定撤兵日期，法军前往攻打，衅咎应由法负。

7月12日（闰五月二十日）

谢满禄向清政府提出最后通牒，要求中国七天内撤出北圻驻军，赔款25000万法郎，否则要侵占中国海口，自取"押款"。

7月13日（闰五月二十一日）

总署照复法使，北圻撤兵一个月后完竣，但拒绝赔款，仍盼巴德诺早日到天津，会议细约。

7月13日

法国海军殖民部部长斐龙命令孤拔："遣派你所可调用的船只到福州和基隆去，我们的用意是要拿住这两个埠口作质。"

法政府组建并命孤拔统率远东舰队，利士比为副。

法国海军殖民部部长给孤拔的命令

孤拔（1827~1885）

法海军将领，1883年12月领兵进攻越南山西，挑起中法战争。时率远东舰队抵闽江口，驻泊马祖澳，伺机进击闽台。

悬挂三色旗的法国远东舰队开赴闽江口

015

法舰"梭尼"号

停泊闽江口长门上游的法运输兼情报舰"梭尼"号与"雷诺堡"号,受领的任务是防止满载石头的中国30艘帆船沉石封闭金牌峡,以保持海道进出畅通。

法旗舰"伏尔他"号

7月16日孤拔乘旗舰"伏尔他"号(前)进入马尾,停泊在罗星塔前。17日"阿斯皮克"(亦译"益士弼")号(后)驶泊马尾,中为"南台"号。

法国远东舰队主力"特隆方"号

亦译"凯旋"号,装甲巡洋舰,4127吨,舰员410名,大炮13门,是停泊马尾的最大的法舰。

"林克斯"号

亦译"豺狼"或"野猫"号,停在"维皮尔"号之后。该舰7月18日驶泊马尾。

陆续入港的法舰"杜规特宁"号和"维皮尔"号

法舰"杜规特宁"(或译"杜居士路因")号(前)、"维皮尔"(亦译"蝮蛇")号(后),前者停在"林克斯"之后,后者停在"阿斯皮克"之后、"林克斯"之前;(中)为"林克斯"号。前者7月18日、后者7月22日驶泊马尾。

第一章
船政在海防建设和反侵略斗争中的表现

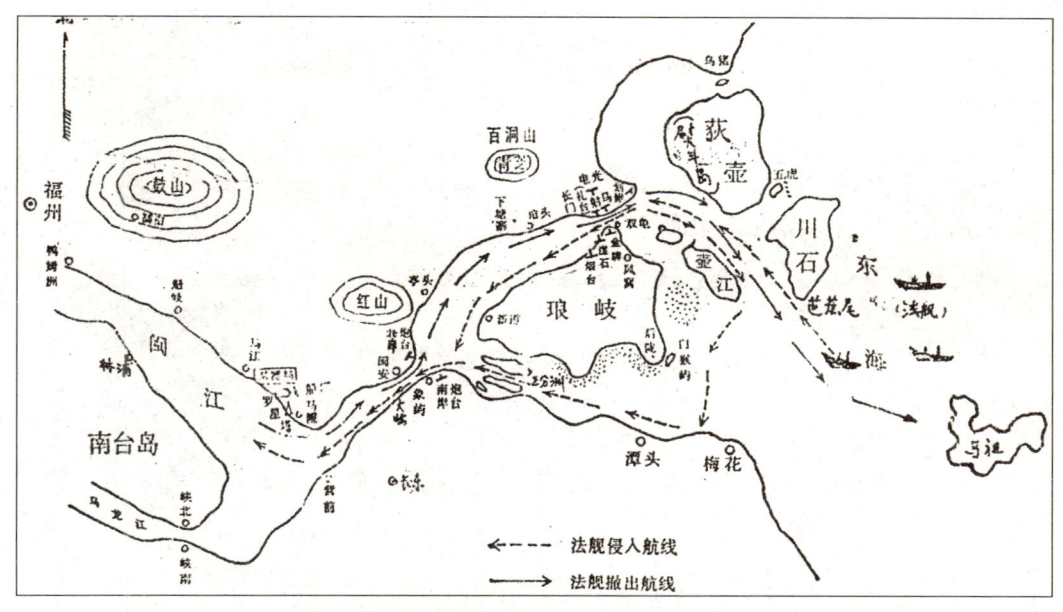

陈兵闽江口的法国远东舰队态势图

（四）陈兵闽江口

1884年7月14日，法舰2艘，借游历为名，驶进马尾港，随后法舰进进出出，陆续进泊10艘；在长门口内驻泊2艘，口外马祖澳3~4艘，台湾海峡2艘，另由渤海湾驶抵7艘，形成了控制闽台的态势。

（五）重议和约

当法军在谅山地区挑起战争后，在总税务司赫德调停下，允将条约重议。但法国公使巴德诺仍逗留上海，不肯赴津和李鸿章重议和约。清廷根据赫德建议，改派署两江总督曾国荃为全权大臣，在沪与法使议约，并派陈宝琛为和谈会办大臣。这样在上海中法进行紧张的重议条约的谈判。在和谈期间，清廷一再严谕福建当局"无旨不得先行开炮，违者虽胜亦斩"，束缚了福建水师，以致错失了先发制敌的有利战机。

与法使重议条约的会办大臣陈宝琛主张全力投入抗法战争，由于清廷和战举棋不定，他对和谈既不敢决裂、亦不敢迁就，但他认为拖延不是办法，会使"和战两误"。

7月19日（闰五月二十七日）

清政府派曾国荃为全权大臣，赴沪与法使巴德诺会谈细约，派陈宝琛会办，邵友濂，刘麟祥随同办理。

赫德
海关总税务司，在中法之间调停重议和约。

7月22日（六月初一日）

谢满禄照会总署，上海会议必须先准赔款，方能开议细约，以八月一日为限。

7月28日（六月初七日）

曾国荃等在上海与巴德诺开始会谈。

7月30日（六月初九日）

李鸿章电曾国荃，先允赔款，再缓磨数目，如决裂，福州船厂万不能保。

沪议曾国荃允以抚恤名义付50万两（1000万法郎），巴德诺拒绝。

8月2日（六月十二日）

巴德诺照会曾国荃，中国赔偿既有异，限期已满，以后法将任凭举动。

孤拔奉命对基隆采取行动。

（六）第一次基隆保卫战

1884年8月3日，法国远东舰队副司令利士比以"鲁汀"号为旗舰，率"拉加利桑尼亚"号从马祖澳出发，与先期已在基隆港口的"维拉"号会合。5日对基隆炮台开始炮击。登陆兵6日进入市街，被埋伏的刘铭传守军三面射击，死伤

曾国荃（1824~1890）

字沅甫，曾国藩弟，湖南湘乡人，是主和派的重臣之一。时任两江总督，与法使重议条约的全权大臣，力主和谈，在上海和谈期间，深恐与外人决裂，曾请旨改赔偿为给抚恤银50万两，受军机处"传旨申饬""实属不知大体"。

守御严密的基隆港

刘铭传守军驻山上的营舍，每个营舍都设有米仓、弹药库等，还有惊人的遮蔽道路。

第一章
船政在海防建设和反侵略斗争中的表现

台湾基隆港

法侵基隆的旗舰"鲁汀"号

被炮火轰毁的基隆市街一角

基隆炮台火药库被法舰炮火直接命中

法国侵略者在基隆的墓地

8月5日法装甲巡洋舰"拉加利桑尼亚"号炮轰基隆炮台

台湾基隆港

刘铭传（1836~1895）
　　字省三。清末淮军将领，合肥人。时任督办台湾军务，因事先有御敌准备，率领官兵英勇作战，基隆初战获胜。在台抗击法军8个月，后任台湾第一任巡抚。

019

《点石斋画报》刊载的"基隆军民抗击法国侵略军图"

淡水（沪尾）炮台

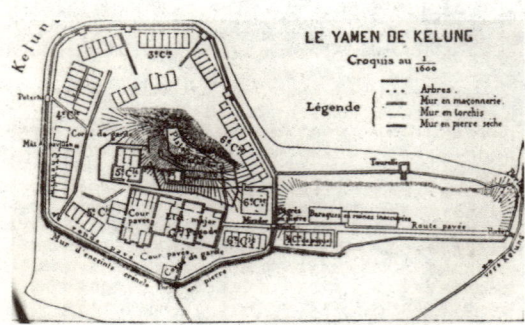

法国侵略者描绘的基隆衙门图

基隆二沙湾炮台遗址

基隆二沙湾炮台的大炮

基隆狮球岭炮台

13人，逃回军舰。法国企图夺取基隆建立进攻中国东南沿海军事基地的第一仗失败了，不得不转向准备进攻福州。

（七）马江临战前夕，清廷仍幻想调解，一再贻误战机

法舰炮击基隆炮台，并一度登陆，实际上开始了对中国本土的战争。但清廷仍幻想请美国调处，遭到法国拒绝，甚至上海和谈破裂仍不下决心，从下面一组大事记，可以看出清廷和战不定、贻误了战机。

8月5日（六月十五日）

法舰炮击基隆炮台，并一度登陆，开始了对中国本土的战争。

总税务司英国人赫德劝总署速赔款了事，不然法将攻马尾船厂，吃亏更大。

李鸿章电总署："拨船援闽适以饵敌速变""断难在洋面与西舰争锋"。

曾国荃亦电总署："船小而少，万不慑敌铁甲""援闽适以饵敌速变"。

何如璋、张佩纶连电请示总署，"法船再入数艘，我即塞河先发"。

8月6日（六月十六日）

军机处寄何如璋电旨："现经美国调处局势未定，所称先发，尤须慎重，勿稍轻率。"

8月7日（六月十七日）

谢满禄照会总署："听人调停一节，本国碍难应允。"

8月8日（六月十八日）

张佩纶电军机处："互援是活著，先发是急著，舍两者布置更难。"

8月10日（六月二十日）

清政府以法军侵犯基隆向法提出严重抗议，并照会各国，请秉公评论，幻想调解。

8月11日（六月二十一日）

李鸿章致电总署："不如赔款以保和，一开衅即不可收拾。与之战，法始必负，继必胜，终必款。"

何如璋、张佩纶电总署："请早定战计并饬南北洋通筹援闽。"

8月12日（六月二十二日）

廷议对法和战全局，拒绝赔偿，仍请美国调处。

8月14日（六月二十四日）

清廷虽下谕旨："唯有即与决战。"但紧接着又说："迅速整备一切事宜，听候谕旨。"仍束缚了前线将士手脚。

没有反侵略作战决心的清政府

军机处寄沿江沿海各将军督抚谕旨
光绪十年六月廿四日寄（8月14日）

奉旨：法人肆意要挟，无理已甚。本宜即行声罪攻击；因美国仍拟调处，用意颇善，未可辜负，致失与国之好，是以迟迟未发。现经总署照会法使，并照会各国。倘法国竟将照会置之不复，亦不退出兵船，惟有即与决战，以免坐失事机。着沿江、沿海各将军、督抚、大臣，迅速整备一切事宜，听候谕旨，务当尽力筹办，期于战守确有可恃，同心敌忾，宣布国威，不能迁延贻误。钦此。六月二十四日。

8月16日（六月二十六日）

法国议会支持法内阁对华的军事行动，通过3800万法郎的侵华军费，总理茹费理在议会叫嚣："这是本世纪内最大的一次征伐。"

法政府电巴德诺转谢满禄向中国提出最后通牒。

（八）清廷虽议决停止和谈，但对法作战却不明降谕旨

8月17日清廷因法使照会无礼，下旨与法使议和的曾国荃、陈宝琛"不必再议"，并命"即回江宁办防"。一面下旨统兵大臣"不日即当明降谕旨，声罪致讨。目前法人如有蠢动，即行攻击"。（见下

法国内阁总理茹费理

电）说明决战决心虽下，但仍未降谕旨，而"如有蠢动，即行攻击"之语，正如张佩纶给粤督张之洞的电报中反驳说的"非后发而何"？

军机处寄沿江沿海将军督抚统兵大臣等电旨
光绪十年六月二十七日寄（8月17日）

奉旨：此次法人肆行狡横，恣意要求，业将其无理各节，照会各国。旋因美国出为评论，而该国又复不允。现已婉谢美国，并令曾国荃等回省筹办防务。法使似此骄悍，势不能不以兵戎相见，着沿江沿海将军督抚统兵大臣，极力筹防，严行戒备。不日即当明降谕旨，声罪致讨。目前法人如有蠢动，即行攻击，勿稍顾忌。法兵登岸，应如何出奇设伏以期必胜，并如何悬赏激励俾军士奋勇之处，均着便宜行事，不为遥制。钦此。

8月18日，清廷照会英、俄、美、德、日等各国公使：法有意失和，无从再与商议。

8月18日（六月二十八日），给英国公使巴夏礼的照会称：

本月二十四日，已将法国种种无理情节布告贵国在案。查谅山一事，先由法国起衅；中国仍欲保全通商大局，是以特派曾大臣等前往上海与巴大臣重申前议，仍归和好。乃六月十六日，接谢署大臣照会，但云准巴使函称听人调停一节，本国碍难允应，别无他语；而法兵已于十五日攻毁基隆炮台。昨又接南洋电信转据巴大臣照复，反谓中国有意耽误，无心拟办了局；且云法国若再以力从事，使中国必应照办；语多不近情理。且闻其又调陆队，由海防来华。是法国有意失和，已可概见；曲直是非，天下定有公论。中国虽欲顾全睦谊，无从再与商议，殊为惋惜！相应照会贵大臣查照可也。

同日给俄国公使、美国公使、德国公使、日本国公使、意国公使、荷国公使、比国公使、

第一章
船政在海防建设和反侵略斗争中的表现

秘国公使、丹国公使、奥国公使、巴西国正使哈拉多,各照会均同上。

8月19日(六月二十九日)

谢满禄再向总署提出最后通牒,索赔8000万法郎,限两日答复,总署拒绝。

李鸿章急电张佩纶:"阻河动手,害及各国,切勿孟浪,仆不以决战为是。"

8月21日(七月初一日)

谢满禄下旗出京,以示决裂。清廷仍未通知福建前线(即仍未明下谕旨)。适驻法公使李凤苞来电说,法允先付恤款,再行详议,李鸿章当日急电译署。

8月23日,正是法舰在马江向清舰突然袭击之日,总理衙门复电李凤苞:"即欲明宣谕旨,布告天下,一力主战,适得来电,今日再乞圣恩,暂缓明发,如欲仍议津约,中国亦不为已甚。"由于清廷对法国仍存和平解决幻想,福建当局盼等明发谕旨,直到开战仍未盼到。

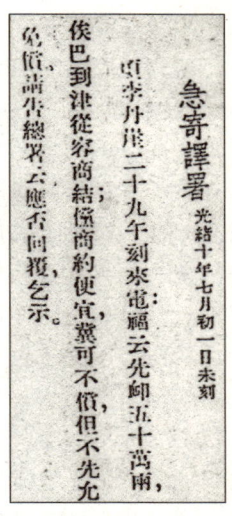

李鸿章急电译署电文

李丹崖即驻法公使李凤苞,原船政总考工、留学生华监督。

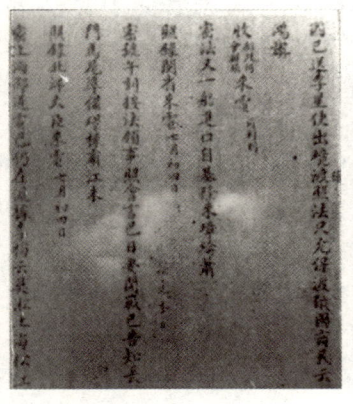

军机处电报档

这是军机处电报档,照录闽省来电。按体制前者(初四日)应为到日,后者(江,初三日)为发电日,巴日似为本日之误。

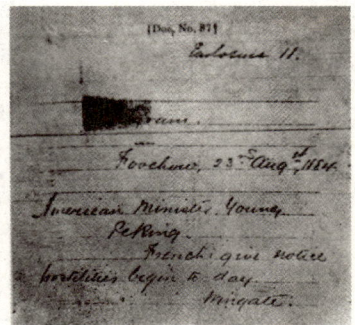

英国驻福州领事8月23日致北京公使电:"法国人通知本日开战"

总理各国事务衙门复驻法公使电文

闽浙总督何璟等来电

光绪十年七月初四日到

密号,午刻接法领事照会,言巴日要开战,已告知长门马尾准备。璟、棫麻。江未。

上电中,江指七月初三,未指午后1~3时发出,说明午刻(11时至下午1时)才接到法领事照会(战书),未刻何璟及福建巡抚张兆栋即去电向清廷报告。

023

（九）故意推迟发出战书

当清廷尚在幻想和平解决冲突之际，敌人却在积极部署突然袭击。

8月22日（七月初二日）

法海军部电令孤拔对福建水师实行攻击，并破坏船厂及闽江沿岸的防御设施。晚间8点，孤拔召集各舰长会议，宣布作战计划。

亲自参加22日晚8点旗舰"伏尔他"号会议的"凯旋"舰上尉罗亚尔撰的《中法海战》（原名《孤拔舰队》）载：……八月二十二日星期五，晚间八点，提督召集所有的船长到窝尔达号（即"伏尔他"号，下同）来，将他所决定的作战计划通知他们。计划内容的梗概如下：在八月二十三日下午（约近两点）当退潮移转船身的时候，各船即准备出动，互相保持各船现在停泊的距离，维持极微小的汽力速度。提督在桅樯顶上升起第一号旗，这个信号发出时，两只水雷艇应立即出动，攻击停泊在提督上游的两艘中国战船。当第一号旗收回时，全线立即开火……

为什么决定在退潮时行动？罗亚尔写道：

提督决定于退潮移转船身时，开始作战行动，对于敌人取得一种完全有决定性的战略优势，在这种形势之下，窝尔达号、三艘炮舰和两只水雷艇，对中国舰队的关系是在水流之下，得以船头威胁它。中国方面则相反，他们把船尾向着法舰。船尾是船最弱的部分。中国船要做整个半圆形的回转，即一度把船侧转向我们的炮火之后，它们才能攻击法国船……

提督所采取的只在退潮时方攻击的巧妙决定，只有一个危险，就是：迟延了开火的时间，这样中国方面便可能于二十三日满潮的整个早晨里回转船身时攻击我们……

为了防止中国在涨潮时先下手，敌人故意推迟发出战书。

8月23日上午，法国驻福州领事白藻泰对各国领事发出作战通知。

但对福建总督下战书却推迟到23日午刻，即将退潮之时，使中国在马江的舰队处于不利位置，措手不及，被动挨打。

1884年的福州城

二、马江海战爆发

法舰首攻基隆失败后，即转向福州。当法舰在马尾紧靠中国舰队停泊时，福建军政当局屡请"塞河""先发"，清廷不是因"和战未定"便是以"群疑众难"而拒绝。谕令："彼若不动，我亦不发""与之相持，总以镇静为主"。并严谕"无旨不得先行开炮，违者虽胜亦斩"。使福建海军先后

第一章
船政在海防建设和反侵略斗争中的表现

丧失了封锁海口和利用涨潮先发制敌的有利战机，只有被动挨打。8月23日，法舰突向中国舰船袭击，马江海战爆发了。

（一）马江位置及沿江布防

马江是指闽江分流后在福州下游处重新会合的江段。江中有巨大礁石似马，马头朝西，潮退则现，故有"礁西马头江，礁东马尾江"之称，马江则是马头江和马尾江的总称。马尾的地名也由此而来。马江上距福州城16.4千米，下距闽江口34.6千米，夹岸皆山，地势险要，是个易守难攻的战略要地。法国人曾经在这里帮助清廷设厂造船，马尾是中国近代海军的发源地。

马尾罗星塔相传是宋代妇女柳七娘为盼望其夫回归而建造，故也叫望夫塔，远航舰船见到此塔就欢呼到了中国，被称为中国塔，是国际上公认的重要航标。

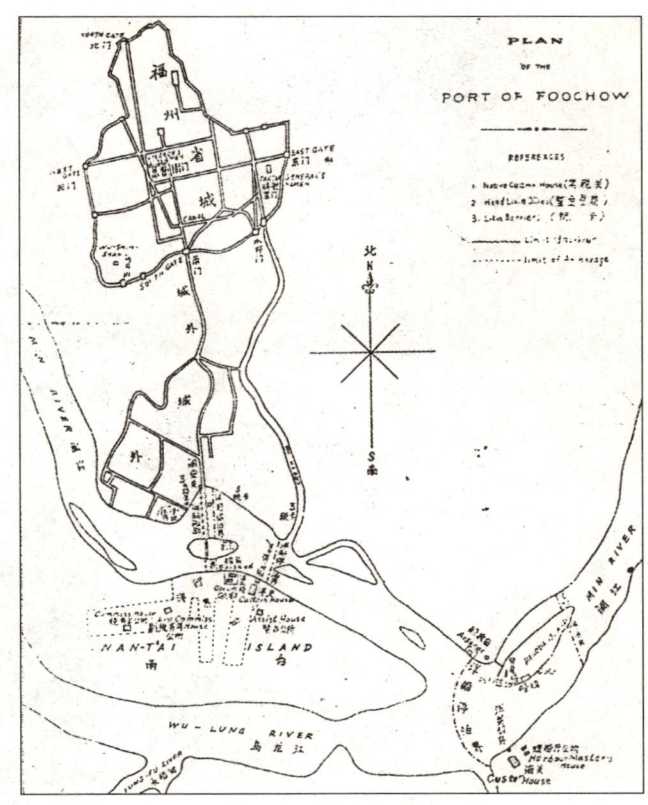

19世纪80年代的福州示意图

马尾罗星塔

闽江口金刚腿——闽江淡水和海水在此上下分界

025

"五虎把门"
　　闽江入海口的五虎门。

"双龟守户"
　　闽江口双龟（左北龟、右南龟）对峙，南岸为金牌炮台。闽江口内也设有炮台，层层控制。沿江层峦叠嶂，口外礁沙星罗棋布，都是天然的屏蔽，易守难攻。

（二）清军兵力部署

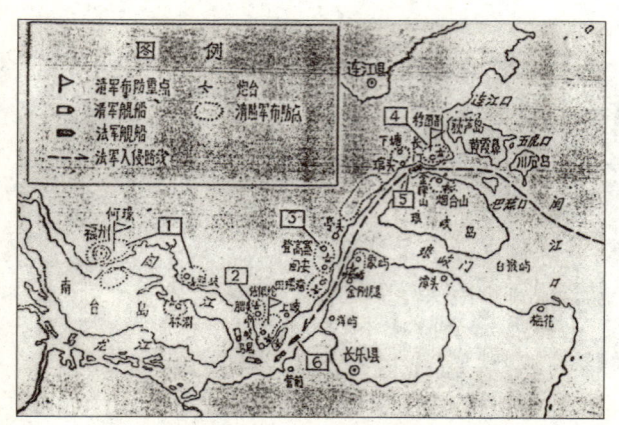

福州、马尾、闽江口清军兵力部署图
　　① 总督何璟、巡抚张兆栋率兵3000余人守护福州城，并在林浦、魁岐筑土炮台，有壮丁180余人。
　　② 张佩纶、何如璋率陆勇7营、舰船11艘驻马尾，张成负责指挥舰船。
　　③ 南北岸炮台设岸炮，闽安至琯头配团丁1800余人。
　　④ 穆图善驻长门，陆勇9营，水师1营，防守闽江口。

第一章
船政在海防建设和反侵略斗争中的表现

（三）福建的战备

从福州至闽江口平时只有陆勇4个营留守。7月3日张佩纶入闽后，仓促进行战备，他调回澎湖、兴化、泉州驻军5个营，集福宁、建邵、桂勇3个营，还沿江选募壮丁1840名防卫福州。

何如璋家书中说："迭请南北洋拨船来援不应，迭请决战先发又不应，惟饬静以待动，毋涉轻率，故只得株守以俟指挥。"

福州将军亦致电中枢："既不能阻止，又必俟扑犯登岸始还击，彼操胜算，我失先著，再任出入，分布南北，首尾不能兼顾，战无可战。闽失势在不能先封口，又不能先发。"

张佩纶（1848~1903）

会办福建海疆事宜大臣。当法舰前来，极力主张"塞河""先发"。"只有先发，才能制胜。"而谕旨不允。曾上奏说："既让以要害，复让以先机，兵机只争呼吸，臣固非畏其船炮之坚利，而实惜我虞备之让，谋断之歧也。"

建宁总兵张德胜率兵赴长门、金牌要塞防区

何如璋（1838~1891）

曾任驻日公使，时任船政大臣。他上疏强调："彼以兵船衔尾相距，万一决裂，先发制人，后发即为人制。"

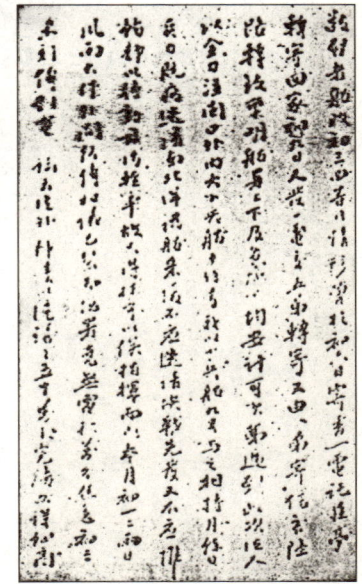

何如璋家书

027

福州将军穆图善

中国舰队旗舰官兵

"扬武"舰广大官兵加强训练、积极备战。中坐者为闽安副将兼"扬武"兵舰管带张成。

马尾海潮寺为要塞储存枪支、炮弹、火药之军械库

林培基所用的刀（重150市斤）

林培基

武探花，在籍二等侍卫，率尚干乡民341人，自动请战，守马尾胎头。

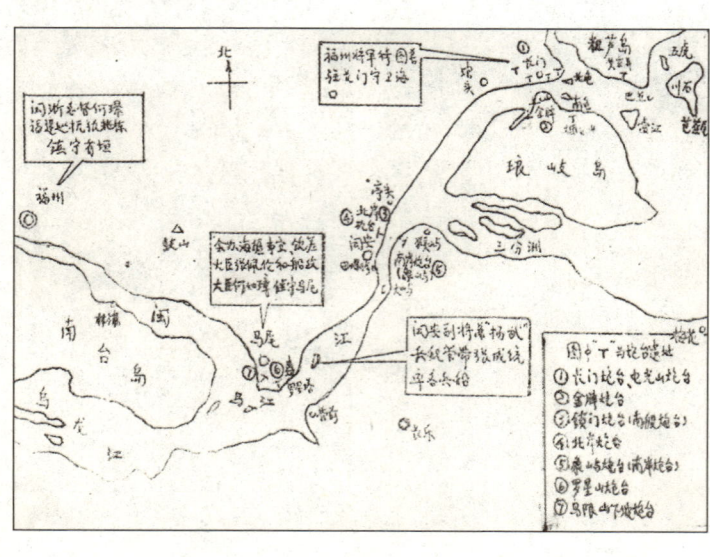

福州马尾要塞布防示意图

第一章
船政在海防建设和反侵略斗争中的表现

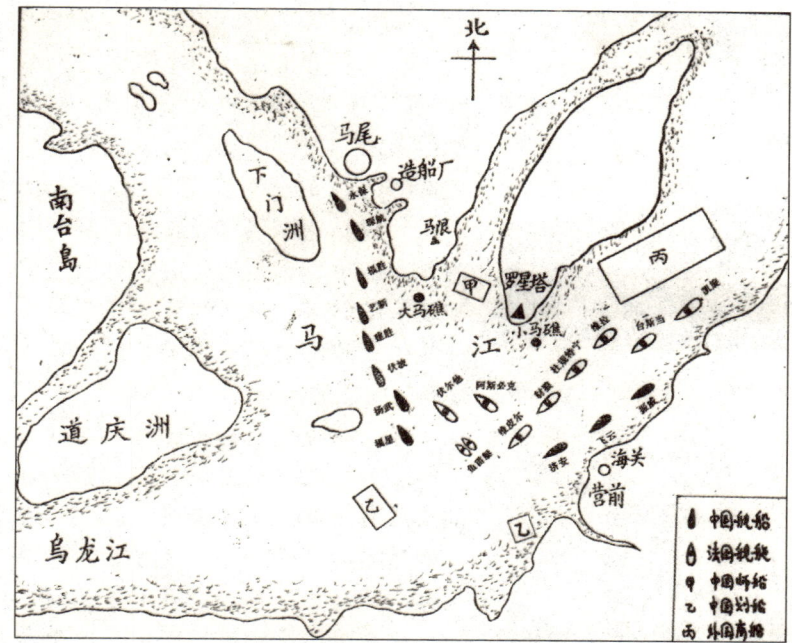

中法马江海战前两国舰艇位置图

150毫米的克虏伯要塞榴弹炮

中法海战遗留下的火炮

马江海战古战场

（四）结局

海战不及30分钟，中国被击沉军舰9艘，阵亡官兵857人。船厂、炮台继被轰击，损毁惨重。法国舰队重伤鱼雷艇1艘、轻伤军舰2艘，死6人、伤27人。这是法国侵略者蓄意侵略中国的罪恶战争，也是清政府奉行避战求和政策的后果，这个政策捆住了福建前线广大爱国官兵抗法的手足，导致了马江海战的惨败。

8月24日（七月初四日）

法军本拟登陆占领船厂，舰队登陆兵虽有1830人，但能驶近船厂的舰上的登陆兵只有600人，惧怕敌不过岸上数千步兵，又怕守军埋设了地雷，只得采取炮轰行动破坏船厂。厂中砖灰厂、合拢厂、绘事院受毁最严重，其他如水缸厂等也受到不同程度的损毁，而船槽突出江干，中炮最多。配图拍摄的是被击毁的船槽、铁水坪。槽前是被击沉的"永保""琛航"二

马江海战古战场新颜（何伟摄）

"伏波"号

突遭袭击的"伏波""艺新"两舰，尚未转向就被重创，急驶上游躲避，法舰紧追，"艺新"转舵发炮，迫使敌舰后退，两舰驶到林浦，自沉填港，阻敌上驶福州。

罗星塔俯视着马江海战古战场

第一章
船政在海防建设和反侵略斗争中的表现

舰队覆没,船政半毁

中国的主力战舰"扬武"号

被法舰队轰毁的象屿道头炮台遗址

被法舰队摧毁的象屿雁边炮台遗址

舰。槽后船台上是即将建成的"横海"号,中弹数十,但修理后尚可用。

8月26日(七月初六日)

法舰队驶向下游,从背面炮轰闽安南、北岸炮台群,最后登陆摧毁北岸南般等炮台,用硝化棉火药炸毁了大炮。南岸象屿各炮台也被轰毁。本日清政府颁发上谕,宣布对法作战。

被法舰队摧毁的南般炮台遗址

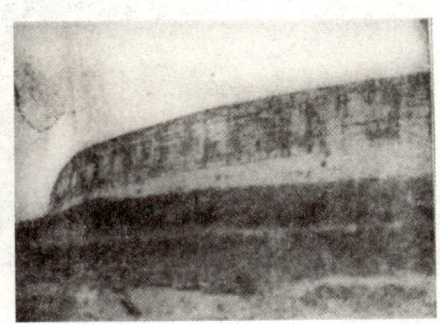

长门炮台

被法舰队摧毁的象屿东口炮台遗址

"特隆方"号为法舰队领航出闽江口

金牌山炮台遗址

第一章 船政在海防建设和反侵略斗争中的表现

8月28日（七月初八日）

法舰"特隆方"号和"杜规特宁"号清早就驶到金牌附近与长门和金牌两岸炮台交战，炮战持续到黄昏，守军在穆图善督率下继续抗击，后来法舰"伏尔他"和"林克斯"号加入炮轰，但仍未能达到完全摧毁目的。法军一度企图登陆，破坏长门炮台，终未得逞。

8月29日（七月初八日）

法舰"特隆方"号、"杜规特宁"号和"林克斯"号等驶至近岸处炮轰金牌炮台，驻台游击杨金宝率部抗击。战至下午3时，炮台被摧毁。此后，法舰队驶出闽江口，驻泊马祖澳。闽江两岸炮台的设计定向为炮口对下游，对从上游马尾来的法舰队未能发扬火力。

第三节

马江海战的余音

一、基隆弃守与淡水获胜

法舰队退出闽江，集结于马祖澳，休整待援。9月中旬援军到后，准备进攻台北，一路由利士比率3舰攻淡水，一路由孤拔亲率5舰攻基隆，两路得手后会攻台北府。10月1日和2日分别对基隆和淡水发起攻击。由于督办台湾军务刘铭传被淡水前敌营务处夸大敌情所迷惑，错误地决定放弃基隆，增援淡水，基隆遂为法军所占。淡水守军早有戒备，沉塞港口并布雷封锁航道，当利士比率分舰队来攻时，先敌发起炮击，守将孙开华又采用诱敌上岸而击之的战术，使敌

淡水港清军沉塞港口并布雷封锁航道图

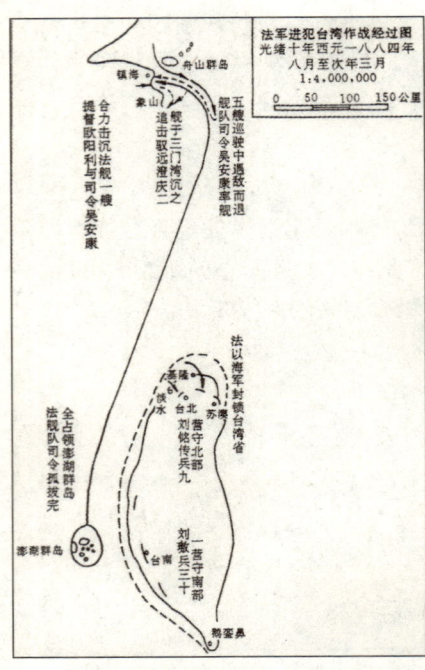

① 1884年10月1日利士比率分舰队攻淡水，被守将孙开华击败。
② 1884年10月2日孤拔率舰队攻基隆，刘铭传为增援淡水，放弃基隆，基隆被法占领。

基隆港

1884年10月2日孤拔率舰5艘攻基隆，由港湾西海岸登陆，抢占仙洞山顶被守军击退，后由于刘铭传决定放弃基隆，遂为法军所占。

法军进攻淡水失利后孤拔下令封锁台湾

淡水大捷图

利士比分舰队旗舰"拉加利桑尼亚"号

第一章
船政在海防建设和反侵略斗争中的表现

溃退海边，溺死数十人，直至中法战争结束，法军再也不敢对淡水发动进攻。此后法军宣布对台湾实行封锁，但大陆人民为了支援台湾军民抗法，千方百计打破法军封锁，取得了一定效果。

二、镇海大捷

早在马江海战之前，清廷应福建军政大员之请求，多次谕令南北洋派船援闽，李鸿章电总署不是以"适以饵敌速变"，便是以"断难在洋面与西舰争锋"推辞；曾国荃亦以"船小而少，万不慭敌铁甲"百般设词拒派。直到光绪帝谕旨中切责说"实在可恶"后，1885年2月始由吴安康率领5船出发援闽。孤拔获悉即率7舰从澎湖北上，在浙江三门湾海面遭遇。"南琛"等3舰逃入镇海；"驭远""澄

孤拔所率主攻基隆的5舰之一"梭尼"号

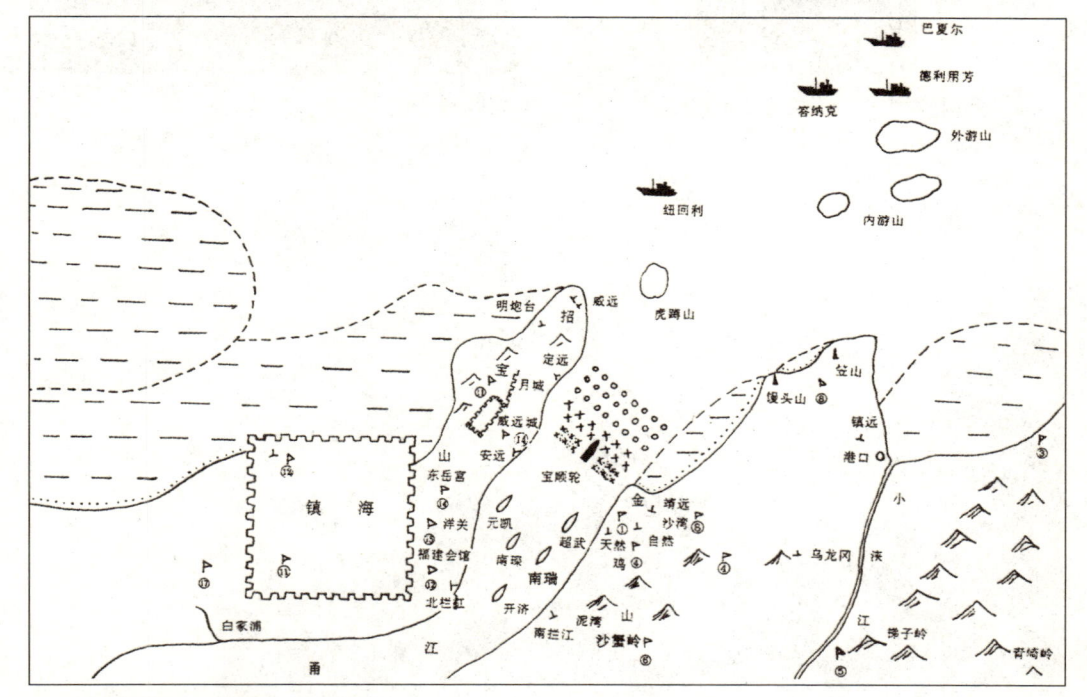

中法战争镇海之役形势图

镇海之役清军在防务上修炮台、添火炮、筑长墙、布水雷、沉石堵江、积极防御之外，还伺机主动出击，取得了胜利。

沧浪为我洗烟烽

招宝山炮台群
内有威远、定远、安远、北栏江等炮台。

"开济"号
逃入镇海的"开济"舰参加了镇海保卫战。

镇海之役中在招宝山威远炮台亲自操炮击退法舰荣立战功的守备吴杰

"南琛"号
由吴安康率领的"南琛""南瑞"等5舰南下中途遇法舰，"南琛""南瑞"等3艘逃入镇海。

威远炮台

第一章
船政在海防建设和反侵略斗争中的表现

安远炮台

积极组织军民抗法斗争的
浙江巡抚刘秉璋

没有尽没的"驭远"号
"驭远""澄庆"2舰因速度慢就近躲入石浦，2月14日法舰队以小艇载鱼雷潜入石浦港，将"驭远"击沉。"澄庆"因我方误射亦沉（一说自沉）。

击退法舰进攻的浙江提督
欧阳利见

镇海炮台

037

庆"2船就近躲入石浦还是被击沉。3月1日起法舰队多次进击镇海港均被守军击退，相持月余，一无所获，终被迫退去。法两巡洋舰负伤、两舢板沉没、死亡不少官兵，孤拔亦中弹受伤。

镇海官兵在中法战争时绘制的沿海水陆行军营卡炮台五里开方舆图

蛟门奏凯图

薛福成（1838~1894）

字叔耘，号庸盦，江苏无锡人。中法战争期间，任浙江宁绍台道，与提督欧阳利见在镇海击退法舰进攻，曾撰《筹洋刍议》，主张变法图强。他与张佩纶曾拟议《北洋海防水师章程》14条，主张全国海域应建立北洋、南洋、闽粤洋3支水师。1888年任湖南按察使，次年任驻英、法、比、意4国公使，是中国近代早期改良主义思想家，对李鸿章的海防思想有较大影响。

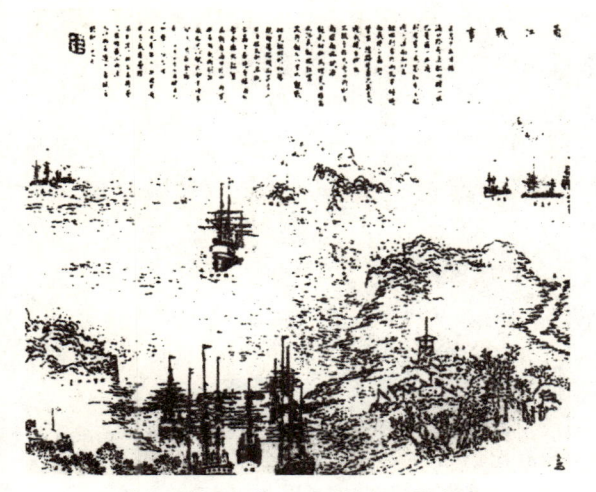

第一章
船政在海防建设和反侵略斗争中的表现

《点石斋画报》中所绘的甬江战事图

欧阳利见手书刻石

欧阳利见督师御敌处

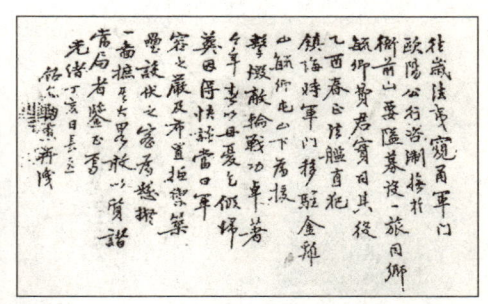

陶饴孙为"蛟门奏凯图"题字

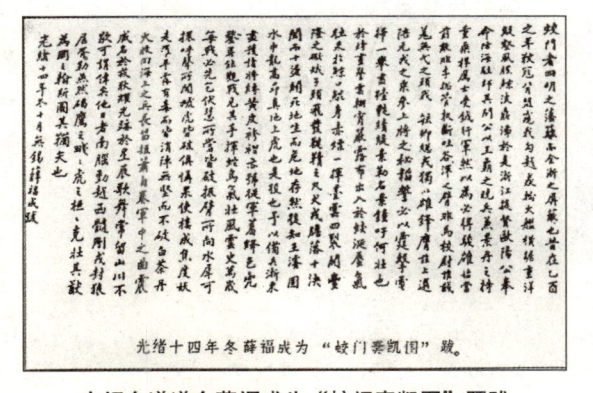

光绪十四年冬薛福成为"蛟门奏凯图"跋

宁绍台道道台薛福成为"蛟门奏凯图"题跋

三、镇南关获胜与澎湖失守

清廷于1884年8月26日被迫对法宣战以后,越南境内东线桂军反攻失利,西线滇军东下受阻。法军直逼广西国门下,广西全省大震,形势十分严重,清廷遂起用七旬老将冯子材帮办广西关外军务,并由前敌将领公推为东线总指挥。冯选定关前隘构筑防御阵地,1885年3月23、24日两次身先士卒冲锋肉搏,打败攻关的法军,取得了镇南

沧浪为我泛烟蓬

关大捷,接着收复文渊州、驱驴庸,3月29日收复谅山,30日至31日收复谷松、观音桥,进逼郎甲。法军败讯传至巴黎,31日茹费理内阁倒台。与此同时,3月29日至4月1日,孤拔率舰队进攻澎湖,4月1日澎湖失守。中国陆路大捷,水路却失利,说明海军落后。

(一)镇南关获胜

冯子材(1818~1903)

字南干,号萃亭,广西钦县人。1884年法侵略军进犯滇桂边境时,以广东高雷钦廉四府团练督办职参加抗战。久任广西提督,3次出关,威惠素著,得桂越人心。因李鸿章所荐淮军将领潘鼎新等退缩避战、节节败退,广西大震。1885年2月被任广西关外军务帮办。3月在镇南关大败法军。后任贵州提督等职。

镇南关关前隘布防图

冯子材在关前隘所筑的一道石长墙,长1.5千米,高2.3米,宽1.3米,墙外挖掘1.3米宽深堑,并在东西两岭间修筑堡垒多座,构成完整的山地防御体系。冯部誓与长墙共存亡,当敌迫近长墙时,冯率两儿子持矛大呼,率先跃出长墙,冲入敌阵肉搏,大败法军,取得镇南关大捷。

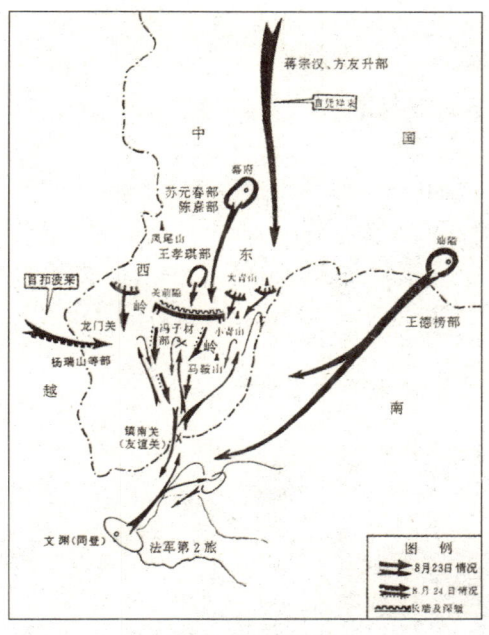

第一章
船政在海防建设和反侵略斗争中的表现

镇南关大捷形势图

《点石斋画报》中的镇南关破敌图

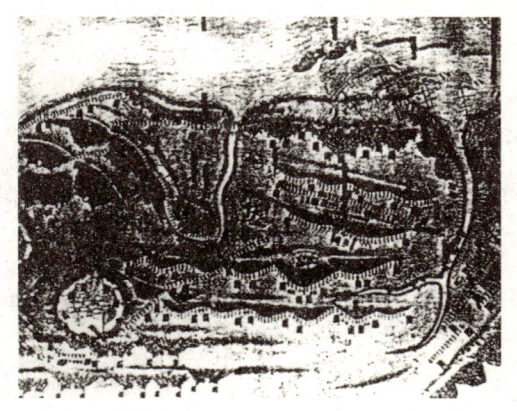

谅山大捷战迹图

3月29日清军又克复了谅山，毙伤法军近千人。

《点石斋画报》中所绘"临洮大捷图"

1885年3月刘永福领导的黑旗军与云南农民军联合越南的义勇队大破法军于临洮。

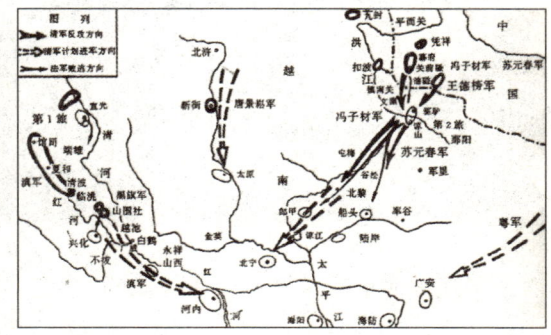

清军逼近河内形势图

3月30日至31日清军又收复谷松、观音桥，进逼郎甲，清军正拟向广安、北宁、河内进攻，陆路全线奏捷。

（二）茹费理内阁倒台

法国内阁总理茹费理推行殖民主义政策。当镇南关、谅山惨败消息传到巴黎时，法国人民群起抨击之。1885年3月31日茹费理内阁在一片责骂声中垮台。

与此同时，1885年3月29日至4月1日，孤拔率"巴雅"号等7舰及鱼雷艇、运输船各1艘，载陆战队900人及1个山炮小队进攻澎湖马公岛等处港口炮台，遭守军顽强抗击，战斗近一天，炮台被毁，下午5时法军登陆，守军3000人节节抵抗，4月1日法军攻占马公城。

茹费理

（三）澎湖失守

"巴雅"号

4月1日被法军攻占的澎湖马公城

澎湖凤柜尾的千人冢

中法战争期间阵亡的法国人墓地，这里埋着21个法国海军军官、500余名士兵或水手，这是侵略者的可耻下场。

四、清廷妥协求和导致中国不败而败

当冯子材等爱国将领决心"保关克谅"并取得了进展之际，清廷通过赫德的私人代表金登干在巴黎与法国政府加紧进行秘密谈判。谅山大捷之后，李鸿章就迫不及待地叫嚷："当借谅山一胜之威与缔和约，则法人必不再妄求。"清廷立即采纳，表示愿按金

第一章
船政在海防建设和反侵略斗争中的表现

登干与法谈妥的条件恢复和谈。1885年4月4日签订了《中法停战协定》，6月9日李鸿章与巴德诺在天津签订了《中法越南条约》。法国侵略者在战争失败的情况下，仍然达到了它发动战争所要达到的目的。法国不胜而胜，中国不败而败，这是中外战争史上所罕见的。

4月20日（三月初六日）清政府命李鸿章为全权大臣，与法使详议条约。5月13日与巴德诺开始谈判。

清廷承认越南是法国的属国，并给予法国一系列新的侵华特权，中法战争终以中国的屈辱而结束。

两广总督张之洞

金登干（1833～1907）
英国人。1862年进入中国海关，1873年起以税务司资格驻中国海关伦敦办事处，受赫德之命在巴黎与法国外交部政务司司长毕洛秘密谈判，并签订《中法停战协定》。

中法停战条件
1885年4月4日金登干在巴黎与法国代表毕洛签订中法停战撤兵简约3条：
1. 中国承认天津条约。
2. 停战，并撤除封锁台湾。
3. 法派使北上谈判细约。

撤兵电旨
1885年4月7日清廷命在越滇、桂两军按停战协议撤兵日期执行。

督办广东防务彭玉麟4月9日电奏

"和可许,兵不可先撤。"

督办广东防务彭玉麟电 光绪十一年二月二十四日

密夹片。玉麟扶病遄赴西海,廿三夜间营奉电旨,知晓和撤兵,不胜惶骇。法狄无信,去年春津约甫定,而假督桥先开,以夏间越军尽撤,而卒攻基隆,且搜沿海廷谅山受挫接踵之乞和,此撤兵故弱法损越越海夏,多病馆秋爽,开张沿海在前,台越法军不许退期明保谅山以内南关失信,亦必各偿我年余俄防兵我千余馆离远法军,玉麟老朽岂肯以为萬萬先不可先撤,我亦不可先撤,险可掘谅州无视可守,彼忽慢要求肆毒何以掷之,後退期无退無非不可先撤。統兵诸匠仍各整肃整备待戰,勿敢計踰违逾,請代奏玉麟叩敬。二月二十五日到

4月8日张之洞再电奏

力陈"停战则可,撤兵则不可,撤至边界尤不可",并言冯子材已率部攻郎甲、袭北宁。

兩廣總督張之洞電 光绪十一年二月二十五日

密。頃见北洋電,和議已费力奉旨撤兵,编洞停战则可,撤兵则不可,撤至边界尤不可,屡外兵機为利,法人是,中法頓北年锦求和之屯,與今日之得勢者不可,日沿邊海险無从恐為能中獲勝来,截兵亦可追駭,诸营奉迴塔若界,我不勁支,且電钱断,數日巡司轉前愨超謀永冯法晏懷悔何不於退兵,彼嚴撤兵彼其北京首日定者月十日親率至本部亞北京海西打起,冯子材可成攻克軍玄定兵更員,再疑兵彭湖之兵,我为可切助克越南内上関伏萨海,無本日親率至本部亞北京海西攻克退,至越雷湖、方口、关,鷄陆北富周大追切助克越南內上関伏萨海,防當倒源兵援侵十九電已於二十日親率本部亞北京海西攻克邀。切晚撒战情,再请自辦代奏之洞虔谈。二月二十四日到

4月8日张之洞电奏

中法条款未定,万万不可撤兵。

兩廣總督張之洞電 光绪十一年二月二十三日

密夹情款未定,万万不可撤兵,匠之洞雖彙光,上悚懇聰明熟思聆代奏之洞虔谈。二月二十四日到

4月7日两广总督张之洞致电总署

在大胜之后,风闻法愿照津约就款,请总署详酌。

致總署 光绪十一年二月二十二日

威密梧州钱煦,前敵已十六硐,無计来,惟前接电法北南,分兵追剿,也必先遇軍阻改北南西,近大勝後,越人必多騷變邊法一西鬼均言,法愿,敬約照律約不如確否?萬一曾有其事,伏懇詳酌飽之非,有諒山龍州無險不能守也養。

冯子材致电张之洞

"我胜法败,乘势可平……勿堕奸谋,失此机会。"请求上折"诛议和之人"。前线将士万分激愤,"拔剑斫地,恨恨连声"。

冯帮办來電 光绪十一年三月初一日午刻到

甲。廿六亥電,已伤请,但期政事能百再剿又致電中法議和,勒停战查我兵败,乘勝可平,留河南失此機會,桂并撥款議和,勢一聚無虞,材一樹棚半左右可得早回河,南宿伤查我兵败,乘勝可平,留河省兵上諭議和者諸誅議和之人,可喊法可除越可程犒送勝可平,留河可即可早圆。之材

5月5日李鸿章复电张之洞

和议"专倚二赤"(指赫德),我不过"奉文画诺"而已,承认他是秉承洋人的旨意行事。

李中堂來電 光绪十一年三月二十一日子刻到

退,我亦必贈虢嶽這鴻筠。欽始终由内主持專倚二赤,難於全撤,不過奉文畫諸公使贵恕似未深知内外情約當成,菁澎兵

军机处电寄张之洞谕旨

"如期停战撤兵,倘有违误,致生他变,唯该督是问。"

军机处寄兩廣总督张之洞電旨 光绪十一年二月二十六日

"撤兵,裁在律約,现在旬律約所開諒州押斷境失之地地,我我在桂,桂柁諒法即提挺再有遣步,我挺惟剿奉将何以挫彼當遭斬此只可飲遵,前約我軍失時,得勝何又于此势危迫,撤倘有违谋,撤兵倘有逸諒,如期停战撤兵,倘催變,惟該督是問欽此。"

5月3日张之洞致电李鸿章

质问在大好形势急于议和:"我兵既退,诸事难商。公老于戎行,何不虑此?"

致天津李中堂 光绪十一年三月十九日亥刻發

密桂並撥款議和,勒停战查我兵低退諸事難商,公老於戎行,何不慮此?今據詳約萬望力爭,桂並寶惟在公也,近状速示以便備敘。

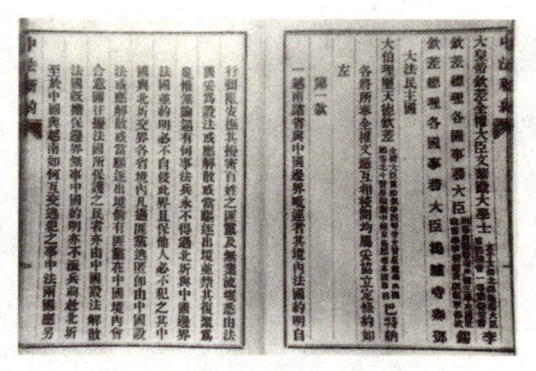

第一章
船政在海防建设和反侵略斗争中的表现

《中法越南条约》十款中的第一款

广西关外军务帮办冯子材画像

1885年6月9日李鸿章与巴德诺在天津签订《中法越南条约》

中法战争中一意主和的李鸿章

五、孤拔之死

关于法国侵华远东舰队司令孤拔的死因、时间、地点众说纷纭，多不一致，至今仍是历史上的悬案。但有一点可以肯定，这个侵略军头目确实死在中国的国土上，这是侵略者的下场。这个极端好战分子野心勃勃，一心想北上进攻烟台、旅顺，遭到法国政府拒绝，十分不满、气愤；在淡水又被清军打得一败涂地，进退两难，愤慨已极，他本已受伤又染上时疫，加上《中法停战条约》的签订，想"把在中国所占领的地区留在自己手中"的愿望破灭了，受此刺激，终于在和约签订后的第三天（即1885年6月11日）死于澎湖，结束了他可耻的一生。

法侵华远东舰队司令孤拔

045

沧浪为我洗烟峰

在基隆举行的孤拔殡仪

《闽海巡记》孤拔墓插图
高贤治《台湾三百年史》及1915年许世英《闽海巡记》载，孤拔墓在澎湖妈宫（今马公）城外火烧坪乡。许世英系福建民政长（相当于省长）。

孤拔墓

1980年台湾《锦绣台湾》一书中载：清光绪十一年（1885）孤拔率领大军攻陷澎湖。此役法军战死者很多……孤拔亦受风寒病死。葬地宽阔，四周围以砧石为围墙，冢前立有长方形尖顶的石碑，墓旁左右葬有两名阵亡法军军官。孤拔遗骸已于1954年由法国驻台代办迁回本土埋葬。于今马公民生、民族两路交界处，立有纪念碑一座，……是法人侵澎史证。

中法战争中法军使用的1884年式来复枪，口径11毫米

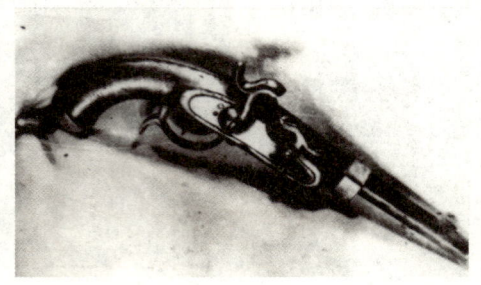

马江海战法军使用的手枪

第一章
船政在海防建设和反侵略斗争中的表现

孤拔死后"巴雅"号将旗不落

据卡尔诺《法军侵台始末》载,孤拔遗体被施以防腐的香料,纳入三重的棺中安置在此舰后甲板的祭坛上,但该舰仍旧保留着提督将旗,关于港湾内的各种信号仍由该舰发出。1885年6月23日"巴雅"号从妈公(今马公)驶返法国。

第四节

马江英烈

马江海战陆勇阵亡人数

陆营名称	死难人数	
	官	兵
福靖老后营	1	0
霆庆前营	0	18
福靖老新后营	2	17
全福右营	1	8
镇海左右营	0	77
潮普营	1	8
潮水军	0	84
看管船坞	1	0
总计	218人,其中官6人,兵212人	
备注	不包括民兵,系不完全统计	

吕翰任"威远"舰管带时的印章

马江海战阵亡人数总计

	阵亡人数		
	官	兵	小计
船政舰船	48	462	510
旧式师船	21	108	129
陆营	6	212	218
合计	75	782	857
备注	①系不完全统计，本表根据有案可稽的数字 ②陆营不包括民兵，不包括守炮台的原有官兵 ③实际数字远比本表多		

马尾昭忠祠正厅当中的灵牌

"威远"舰

许寿山烈士（1852~1884）

字玉珊，福建闽县人。福建船政后学堂驾驶班第一届毕业。历任"扬武"大副，"虎威""艺新"管带，时任"振威"管带。马江法舰突袭时，我军犹系碇，许寿山闻警奋起，立望台上传呼砍碇开炮，并驰援旗舰"扬武"。遭法3舰攻击，中弹累累，在下沉前犹发一炮击中敌舰，终与全舰官兵壮烈牺牲，年32岁。

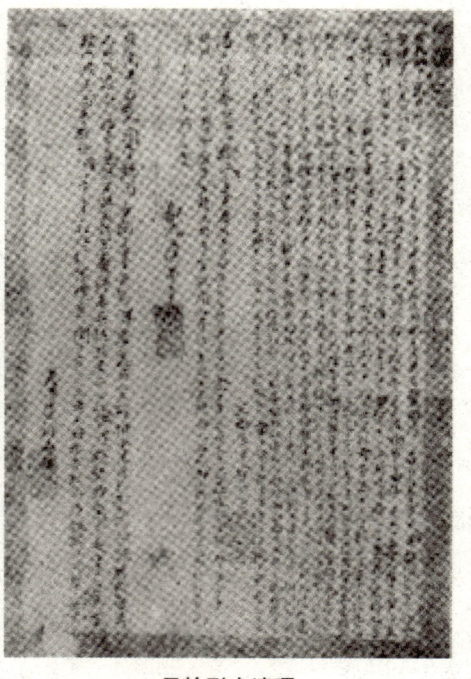

吕翰烈士遗嘱

第一章
船政在海防建设和反侵略斗争中的表现

陈英烈士（1856~1884）

　　字贻惠，福建侯官人。福建船政后学堂驾驶班第三届毕业，时任"福星"管带。与法开战时，陈英屹立驾驶台上，军舰连连中弹，血肉横飞，部属劝陈暂避一下，他怒目斥曰："大丈夫食君之禄，宜以死报，今日之事，有进无退！"终因强弱悬殊，军舰中弹沉没，壮烈殉国，年28岁。

林森林烈士（？~1884）

　　字少屏，福建侯官人。福建船政后学堂驾驶班第三届毕业，时任"建胜"管带。当马江战云密布，他上书张佩纶等大臣，提出战守之策，均不得呈达。开战前曾将平日所用香袋寄归其母，表示以身许国决心。开战时以大无畏气概，以劣势装备拼死抵抗，曾燃一炮击中孤拔船首，后遭敌炮还击，中弹殉国，船亦沉没。

吕翰烈士（1852~1884）

　　字赓堂、广东鹤山人。福建船政后学堂驾驶班第一届毕业。历任"振威""飞云""威远"兵船管带，马江海战时统带"福胜""建胜"两炮船，驻于"建胜"。马江战前，将母亲妻子送回广东并预立遗书："翰受国恩，见危授命，决不苟免"，决心与法军血战到底。法舰突袭，吕翰率舰奋勇向敌舰开炮还击，短衣仗剑，冒炮火指挥，弹片中面颊，血流满面，督战如故。驶船迎敌复中敌弹，身碎船沉，年32岁。

高腾云烈士（1840~1884）

　　广东顺德人，行伍出身。历任广东广德营都司、廉州营游击，时授广海营参将。马江海战时，奉命督带"飞云"兵船援闽，力战阵亡，年44岁。

049

沧浪为我涤烟烽

黄季良系船政后学堂第八届驾驶班毕业生，执照即当时的毕业证书，原件保存了一百多年，极有价值。从此件可确知第八届毕业时间系光绪九年三月，解决了此届詹天佑等人毕业时间不详的问题。

执照内容见图。

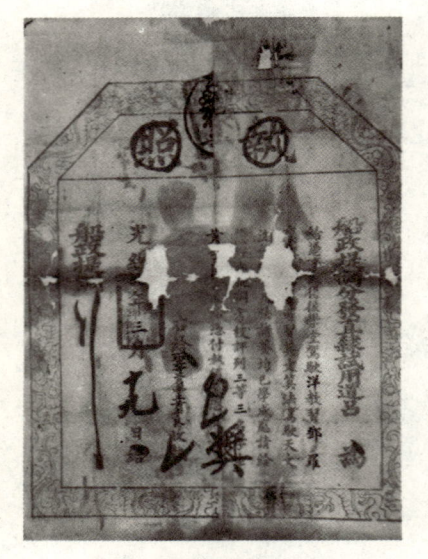

马江海战中木船上使用的茶壶

黄季良船政后学堂第八届驾驶班毕业证书

马江海战阵亡烈士薛忠馥使用的木盒

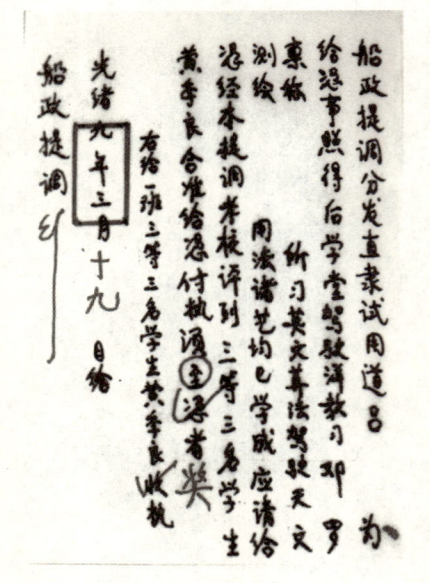

黄季良自画像
　　"扬武"舰死难烈士黄季良生前自画像。可知当时舰上服装。此画像及下面执照系黄季良之兄黄冠良之女黄丽贤保留至今并提供。笔者存有原件复印件。

第五节

为何如璋剖白

雪难摧报国心
——与《试论何如璋》作者商榷

近读福建《船政文化研究》第三辑所载吴登峰、张征《试论何如璋》一文，作者较客观评价了晚清历史上不可忽视的重要人物何如璋的生平，肯定了这位首任驻日公使和福建船政大臣的主要爱国事迹，笔者亦以为然。

但该文存疑两处、尚需商榷，一是所引"新发现"指何如璋为"日本间谍"；二是认为马江战役中尽管何如璋是坚决的主战派，但"备战不力""在海战猝发时，缺乏实战经验和指挥艺术，束手无策"，应负"直接指挥责任"。对此笔者不能苟同。

先说"日本间谍"问题，源于孔祥吉与日本村田雄二郎合著的《罕为人知的中日结盟及其他——晚清中日关系史新探》，称从日本外务省档案馆发现"何如璋的两封亲笔密信"，断定何拿了日本情报费百余金，出卖了国家机密。随后张伟借题发挥，借《环球时报》宣称发现"天大的秘密"，直指何如璋为"汉奸""间谍"。

这"惊人"消息被炒到报刊和网上，引起严重关注。广东省大埔县何如璋研究会对孔、张提出了严正驳斥。史学界专家学者纷纷发表不同看法：福建师范大学历史学家陈贞寿教授新著《中法马江海战》专设《何如璋不是日本间谍》一节；清华大学历史学院刘晓峰教授在权威杂志《历史研究》2006年第3期发表《何如璋是否向日本人提供过情报——与孔祥吉先生商榷》；南开大学历史学院吴振清教授组织历史文献学专业研究生认真剖析档案文献史料，发表了《解读档案文献应当严肃慎重》一文，他们经甄别审核后一致确认，两封密信均写于日本"在清国公使馆"公文笺上，而非孔、张所说的"大清国公使馆"信笺。公安部门通过对检材与样本的字迹对比鉴定，排除何如璋笔迹。真是差之毫厘谬之千里。专家指出，密信之朱批日文指明"右者，为暂居何如璋氏寓所之井上生致渡部书记生等之内报也，所谓侍读是指何如璋"。这井上生又名井上陈政，是日本大藏省安插在何如璋（使日，归国任翰林院侍读学士）身边、诈称学习中国文化的年轻卧底特务，他提供密信情报，再由日本驻华公使馆谍报官员渡部命人统一抄写上报。孔、张则歪曲擅改成："右者，何如璋氏，经井上生致渡部书记之内报也。侍读者，乃何如璋自称。"实在居心叵测。

何如璋是近代史上具有远见卓识的爱国外交家，从小立志尽忠报国，出使日本后为中国抗强权力争琉球，主张修改不平等条约，马江战败遭贬，其爱国壮志不衰。捏造"日本间谍"纯属无中生有的恶意诽谤陷害。孔祥吉、张伟趁何如璋案尚未完全昭雪之机，追捧"越负面越有新闻性"的西方媒体观，肆意抹黑历史人物，哗众取宠，实在是欺世盗名的卑鄙行径。在正面言论反击下，四年多来，孔、张理屈词穷不敢回应，但谣言造成的恶劣影响尚待清除。

再说马江战败的责任问题，大凡评论历史人物及事件，都不能离开历史背景，而且要符合逻辑和事实。试从三个侧面分析：

一、朝廷避战妥协是致败关键

晚清的中国，屡遭列强侵略宰割，濒临解体。而战争从来都是国力的较量。1884年下半年，中法开战已过半年，双方互有胜负，值强寇寻衅，若要克敌制胜务必决策果断、上下同心，尤其是授予前线官长军政权利。可专横跋扈、大权独揽的太上皇慈禧推行投降卖国路线，妥协退让，和战不定，不断瞎指挥扰乱作战部署，多次贻误战机，埋下失败的祸根。

二、敌强我弱军力悬殊取胜渺茫

法国是当时世界第二海军强国，船坚炮利，参战的远东舰队多为铁甲舰，吨位大，新式炮多，作战经验丰富，其入侵马江意在杀戮毁灭，并占领马尾以勒索清廷巨额赔款。开战前耍迟送战书诡计，实施卑鄙偷袭，利用退潮船身转向之机，猛攻清舰薄弱的船尾（清舰除"扬武"号之外均无尾炮），更添实力优势。而福建水师为脆弱的木质舰队，船小炮少，历任船政大臣聘请法国人设计舰船，竟将弹药仓联通机舱，中弹就爆炸速沉。

三、张、何积极备战难挽狂澜。

担任福建军政海防会办大臣的张佩纶与船政大臣何如璋均为积极的主战派，前者是

第一章
船政在海防建设和反侵略斗争中的表现

军事首长，后者主管船企和教育。当年7月中战云密布，何如璋上奏朝廷"法船聚泊马江，敌情叵测，应亟调各省兵船，赴援协防，以遏敌冲"。后又再电强调："彼此兵船衔尾相距，万一决裂，先发制人，后发为人制。以法人横肆性成，临事必图狡逞。"但朝廷已被诱入"和谈"迷魂阵，多方掣肘前线战备，甚至严谕"无旨不得先行开炮，违者虽胜亦斩"。掌控南、北洋水师的李鸿章、曾国荃拥兵自重、以邻为壑，拒绝增援，只有广东张之洞支援了两舰。张、何请旨堵塞河道先发攻敌，也被军机处否决。

当此危困局势形单援寡之际，张、何以满腔爱国热情进行了大量战前鼓动，激励军心，"各管驾感奋听命，誓以死报"。有些官兵写了遗书。张、何反复商议战法，调兵遣将，给各舰和炮台补充弹药，还"密饬后山防营，择要埋伏，杜敌人登岸包抄""又分饬各厂弁丁，将炮械火药周密安放，预备法人侵占厂地，为拼敌俱焚之用"。何如璋为保卫船政坚壁清野、埋设地雷。他们部署24个陆营1万余人，还招募壮丁1840人操练备战。

8月23日，张、何在未接法方照会和闽浙总督指令的情况下遭遇偷袭，仓促应战。福建水师绝地反击，"扬武"号炮火命中敌旗舰，"振威""福星""飞云"等舰勇猛冲击敌阵中弹沉没。开战不到10分钟，中方各舰就丧失了战斗力，落水清军遭到法国侵略者野蛮屠杀。张、何指挥陆营大炮轰击法舰，清军的炮火和步枪射击，以及战前的护厂埋雷，有效地吓阻了敌人登陆，迫使法军放弃占领马尾的计划，退出闽江。马江海战清军血战抗法、英勇悲壮，中方虽遭重创但并未彻底失败。

要说负责，首席军事长官并非何如璋，岂能不分主次？何如璋赴任船政仅半年多，前期专注于整顿船政，力纠"收束"和积弊，重视规划发展，为的是壮大海军、加强海防抵抗外侮。他毕竟是文官，忽视了潮水涨落对作战的影响，是百密一疏。战火甫熄他即不避险押运船政白银36000两往福州入库，并上奏朝廷自请逮问交部议处。他在战役前后的表现可圈可点。这位从未向列强低过头的刚直官员，有心报国却无力回天，终于成为专制朝廷的替罪羊，蒙受百年沉冤，这不仅是个人的悲剧，也是时代和民族的悲剧。然而，功罪难明的时代已经过去，何如璋在马江海战中主战有功的历史真相日月可鉴。

作者：何伟

何如璋力争琉球

何如璋跨海东渡不久，就碰上棘手的琉球事件。琉球国36岛位于台湾东北的东海上，早在明初已臣服中国，500年来一直向中国朝贡。日本明治政府图谋侵略扩张，意欲吞并琉、台，1874年入侵台湾，清廷被勒索白银50万两换得日本撤兵，且在签订《北京

何如璋（1838~1891）

字子峨，今广东省大埔县湖寮镇双坑村人。咸丰十一年举人，同治七年进士，入值翰林，光绪三年（1877）以二品顶戴受命为正使钦差大臣，首任驻日本公使，开创了近代中日两国的正式邦交。

专条》时误留隐患。日本接着威逼琉球，不准对清朝贡。何如璋在东京多次会见琉球官员，弄清阻贡目的是吞并，即上奏指出日本"阻贡不已，必灭琉球；琉球既灭，行及朝鲜"。如允琉球亡国，"他时日本一强，资以船炮，扰我边陲，台澎之间，将求一夕之安不可得"。他主张外交与军事斗争相结合，积极干预琉球问题，建议朝廷值日本军力尚不太强之际，我先遣兵船责问琉球，示日本以必争为上策；约琉球令其夹攻，示日本以必救为中策；反复辩论，或援万国公法，或约各国使臣评理为下策；若坐视不救听日灭之为无策。

然而，清政府特别是李鸿章的外交方针是"彼虽无理在先，我未便失礼在后"，根本不愿意为琉球承担风险。李鸿章曲从退缩、鼠目寸光，指示何如璋"琉球以黑子弹丸之地，孤悬海外""琉球朝贡，本无大利，若以威力相角，争小国区区之贡，多虚名而勤远略，非惟不暇，亦且无谓"。李鸿章致书总理衙门，要求采纳"下策"只作外交交涉，不动用武力。

1878年9月3日，何如璋前往日本外务省会见其外务卿寺岛宗则，就日本阻贡提出口头抗议，坚决要求让琉球恢复对清联系。寺岛则坚称琉球为日本属地。双方态度均很强硬，接下来几次交涉都不欢而散。10月7日，刚直不阿的何如璋递交了措辞强硬又说理充分的书面照会，强调"查琉球国为中国洋面一小岛""臣服中国，封王进贡，列为藩属。惟国中政令许其自治，至今不改"。指出"日本堂堂大国，谅不肯背邻交，欺弱国，为此不信不义无情无理之事"。寺岛有意使问题复杂化，抓住这后几句尖锐之词倒打一耙诬为"暴言"，要求何如璋道歉并撤回照会。何如璋声明并无悖礼之处，寺岛却一味顶撞把局面搞僵，企图将中国拖入外交泥潭。

与此同时，日本逐步实施吞并阴谋，加紧"直辖"琉球。何如璋闻讯速奏朝廷，建议于沿海各省陈兵备战，撤回驻日使节，以示交涉决心。他继续与日本外交官正面交锋，关于改、撤照会，他不卑不亢予以回击，提出"琉球国体政体一切率循旧章，并不准阻我贡事"为条件，要求日方明示琉球为日本属地之佐证，击中日本软肋，显示了外交机智与胆识。

日本恼羞成怒，将何如璋视作障碍，有意绕开他，任命宍户玑为新的驻华公使，到北京与软弱的清廷谈判，并施以离间计。李鸿章因此在致总理衙门的《密议何子峨》函中，称何如璋"虽甚英敏，于交涉事情历练未深，锋芒稍重""措辞本有过当，转致激生变端"。李鸿章如此是非不分、执迷求和，没看清日本的整套阴谋，反而埋怨己方外交官员，分明已入了日本圈套。

第一章
船政在海防建设和反侵略斗争中的表现

清政府没采纳何如璋的积极建议,只采取"据情理相驳诘"的敷衍态度对付国内舆论,因此无力阻止日本灭琉。即使琉球高官尚德宏急赴北京长跪呼救,泣请援琉,表达"生不愿为日国属人,死不愿为日国属鬼"的意志,也未能打动李鸿章和总理衙门。1879年4月千年古国琉球终于被日本夺占改名冲绳,何如璋的努力虽功亏一篑,但史学家肯定他是具有远见卓识的外交家和爱国人士,又是一位视野开拓、坚定果敢的开明抵抗派,在晚清历史上占有重要一席。

有学者认为,若琉球不失,当今关于东海海权(包括钓鱼岛)争议的形势,将对中国更为有利。

作者:何伟

明辨历史真伪　澄清百年荣辱
——新评中法马江海战与船政大臣何如璋

1884年,风雷激荡,波谲云诡。当中法战争打了半年多之后,法国侵略者一面玩耍和谈骗局,一面派遣远东舰队以"游历"为名侵入我福建马江寻衅。8月23日,法舰卑鄙偷袭弱小的福建水师,轰击船政设施,致中方舰沉厂毁,遭法军野蛮屠杀的落水清军就达数百人。侵略者的凶残、清军的速败,对朝廷和民众产生心理重创,使此战成为中国近现代史上扑朔迷离、争议难断的战役,并造成朝廷命官拖时最长的百年沉冤!

一、法舰入侵马江,包藏险恶祸心

战争从来都是国家之间国力的较量,是政治的继续。晚清的历史是中国饱受列强侵略掠夺、山河破碎、国力衰微、生灵涂炭的屈辱史,同时又是中华民族奋起抗争、保家卫国、前仆后继、探索前进的奋斗史。马江海战是中法战争中的一个局部战役,发生在闽江下游马江段,距出海口三十余千米,这里有清政府所设福建船政局,乃经营十多年的重要军工企业、闻名远东的造船基地和培育海军人才摇篮。马尾港江宽水深,适宜船只锚泊,既作军港,又是商贸口岸。

法国是当时世界上第二大海军强国,船坚炮利,此次舰队征战远洋,舰艇多为铁甲舰,吨位大,新式炮多,火力强,且官兵作战经验丰富,更挟第二次鸦片战争凶狠劫掠、焚毁圆明园之余威,蓄意策动此战,企图通过疯狂杀戮毁灭,勒索清廷巨额赔款,侵占越南。法国挑选马尾还因为船政建设曾引进了法国的人才、技术与设备,法方早已熟悉各厂布局,又侦知沿岸炮台构筑上的弱点,即炮位固定,炮口专指下游不能移动,故图谋深入腹地掌握战场主动权。

二、张、何积极备战，朝廷妥协求和

当法舰初涉海口时，福建官员即呈报朝廷请示是否阻拦，电旨"局势未定，……中法并未失和，彼此均谨守条约，切勿生衅"。但是，时任船政大臣的何如璋却十分清醒，早在一年多前，他就上奏"为越南情形危急，请特派统兵大员出关筹办，保属土而固边防"，强调"越南毗连滇粤，负山濒海，土沃而产饶，法人蓄意并合，并非一日矣"！"以越南积弱，非法人敌，我不与争，必折而归法。越南归法，则滇、粤藩篱尽撤。"何如璋当时就建议朝廷：派知兵大员出关，节制三省防军；资助刘永福军，倚为犄角，使当法人之冲，必能深得其力。何如璋分析法国"其侵略越南也，欲如英人之据印度，倚为外府，收揽东南利权"，洞穿法人之骄横与野心。他直陈"现法兵未退，和议未成，亟宜及时布置，饬查伐谋，庶操制胜之方，乃无后时之悔"。对中法战事的发展颇有预见性和忧患意识，所提的防制之道也很中肯。

此次法舰入闽，自然瞒不过何如璋的眼睛。他与7日初到闽的福建军政海防会办大臣张佩纶都是积极的主战派。7月15日，何如璋上奏朝廷："法船聚泊马江，敌情叵测，应亟调各省兵船，赴援协防，以遏敌冲。"担心"彼众我寡，非飞调各省兵船应援，则我船形势孤危，攻守均无把握"。他一针见血地指出："彼此兵船衔尾相距，万一决裂，先发制人，后发即为人制，以法人横肆性成，临事必图狡逞""使各兵船静以待变""严密守备""深恐为敌所乘"。不几日，因见法国又陆续增派舰只入口，情形日急，7月18日，何如璋又上折请调南北洋兵轮以牵制法舰，报告"臣乃饬各兵轮管驾，严密备战，不得擅移一步，万一开仗，胜则破格优奖，如不战自溃，定按军法"。在何、张两大臣的激励下，军心振奋，"各管驾感奋听命，誓以死报"。"扬武""福星"等舰同敌舰首尾衔接，准备在战事突发时"击撞为碎，为死战孤注计"。何、张还反复商议战法，调兵遣将，除了给各舰和炮台补充弹药，还安排了周密的埋伏，甚至做好了炸毁军工厂，与敌人同归于尽的准备。何如璋为保卫船政和应对不测坚壁清野，专于要冲埋设了地雷，增设了厂侧校练门炮台。他们先后从澎湖、兴化、泉州、福宁、建宁、邵武调来步兵8个营，在福州至长门沿岸部署了24个陆营1万余人。此外招募了壮丁1840人，积极操练备战。

然而，战前准备中最重要的调集军舰一事，却得不到应有的支持。这一是因为朝廷尚未设立水师衙门，各舰队缺乏统一调度，而何如璋早在1882年就已经在《整顿海军以规久远折》中向朝廷指出海防关系大局，"海军则巡防布置，必须联络一气，始无兵分势散之虞"。"拟请旨特设水师衙门，以知兵重臣领之，统理七省海防，举一切应办之事。"强调"外侮日深，整顿水师之举，实万万不可再缓"。可惜良谋多年未被采纳。

二是当时分管北洋、南洋水师的李鸿章与曾国荃，各怀鬼胎，拥兵自重，为保存实力，竟诸多推搪，拒绝增援。虽然朝廷曾屡次下旨调船，却均被软磨硬顶，李、曾甚至估算到了战则必败的形势，李鸿章表示"南北洋现船皆小，不能敌""无一可御铁甲者"。曾国荃则于8月13日致电总署称："法船坚于我船十倍，一经出口，必被抢去，诚恐自送败局，反助法焰。"李鸿章还主张弃厂："我自度兵轮不敌，莫如全调他往，腾出一座空厂。……否则一经轰毁，从此海防根本扫尽，立难兴复。"就是在这种危困局势中，何如璋、张佩纶尽了极大的努力，陆续调进舰艇11艘，包括广东张之洞支援的"飞云"和"济安"两舰。但是，敌我军力强弱仍然悬殊，木壳为主的清舰极易毁于炮火和鱼雷。美国学者伊斯特门战后指出："假如李鸿章和曾国荃的比较现代化的舰队加入福建的木质舰队，那么（法国提督）孤拔在欣赏战斗景象时，就会较少乐趣。"

在敌强我弱的形势下，因地制宜是有效战法，张佩纶、何如璋于8月5日请旨"塞河先发"。所谓塞河，是以30艘帆船满载石块，连船沉入江中堵塞河道，断敌供给和出路，便于我海陆军关门打狗。然而次日接军机处复电："现经美国调处，局势未定，所称先发，尤须谨慎，勿稍轻率。"

其后几天，张、何多次请求朝廷早定战计，重申"互援是活著，先发是急著，舍两者布置更难"。无奈朝廷笼罩投降气氛，执迷于议和痴想中，一再贻误战机，如李鸿章11日电："不如赔款以保和，一开衅即不可收拾。"19日电："阻河动手，害及各国，切勿孟浪，仆不以决战为是。"朝廷还严谕：无旨不得先行开炮，违者虽胜亦斩。主战的张、何被捆绑了手脚。何如璋在家书中写道："迭请南北洋拨船来援不应，迭请决战先发又不应，惟饬静以待动，毋稍轻率，故只得株守以俟指挥。"素来为国事重责任的何如璋21日上奏"敌船来往自如，而我船竟无一至"的危险局面，再次恳请朝廷饬令南、北洋"速派快船克期赴闽"。

三、强盗偷袭屠杀，清军血战抗法

法国侵略者加紧预谋点燃战火，为迷惑清廷，法国指派驻华公使巴德诺在上海与清廷代表、两江总督曾国荃"议和"，同时急不可耐地为远东舰队增拨军费2000万法郎，批准了战役攻击方案。

21日，清政府拒绝赔款，上海和谈破裂，朝廷本应立即发出军情急报给福建前线，偏偏性情怪僻的慈禧一再误判，和战不决，勇怯无常，朝令夕改，反而误导前线称法舰将开去台湾。

据法国装甲巡洋舰"凯旋"号上尉军官罗亚尔所著的回忆录《中法海战》记述，当8月22日孤拔提督接到开火的准许令时，在他面前的清舰共11艘，包括4艘巡洋舰，2艘输送通讯舰，2艘通讯舰，2艘炮舰，1艘木质炮船，"所有这些船只都是木制，未装铁甲，外表美观，但质地脆弱"。最大的是"扬武"，排水量1600吨，有2艘仅250吨，而且都"没有机关炮"。法舰则有超过4000吨的，除了大炮，均配置每分钟能发射60发炮弹的速射机关炮。

罗亚尔记载8月22日晚8点召开舰长军事会议，宣布次日下午约近两点退潮、转移船身时开战，这时法舰可以船头威胁中方舰船最薄弱的船尾，取得决定性的优势。

当时，中法两国尚未正式宣战，双方的战场指挥官曾约定开战前必须下"战书"。因此，侵略者只顾虑一个危险，若过早通知对方，那么在退潮前的整个上午，中国人可能会抢先进攻，从而使优势逆转，于是，法国人精心策划了一个战书圈套。

23日早晨，驻福州的法国领事白藻泰下旗离馆，来到孤拔的旗舰"伏尔他"号上，其作战通告在8点钟对各国领事先行发出，以便英美等国军舰退至战区之外，而对中方则玩弄卑鄙伎俩，欲借宣战之名，行偷袭之实，刻意指派一个传教士，迟至中午近12点才将开战照会送达福州的闽浙总督府，有意避开张、何，设想讯息辗转传递至马尾，清军也没有多少时间了。该照会说的是"本日开战"，谁知何璟总督的译员错译为26日开战。一番磨蹭之后，何璟才吩咐通知马尾的张佩纶，致"信到炮发"，马尾"甫接电音，炮声已隆隆"。包藏祸心的侵略者"不顾信义，得逞狡谋"，贻误军机的昏庸总督何璟铸成了大错。前线指挥官张佩纶、何如璋在未接到照会和指令的情况下遭遇偷袭、仓促应战，连发命令的时间都没有，却由此背黑锅、背骂名，冤情难了。连观战的美国人也说了公道话：法国人此举等于是"不宣而战"！

当天上午，英国领事向清军透露法国近日将开战，然后登上附近的英舰观战。何如璋透过这个不精确的情报，结合江面观察所见，察觉敌有动作，即派工程总监魏瀚前往英舰探询消息。魏乘小艇途经孤拔旗舰时，战斗就打响了。后来福建京官潘炳年弹劾奏折和战时仅10岁的采樵山人的《中法马江战役之回忆》竟说何如璋私自藏匿战书"秘不发"，还向法军乞求"缓师"推迟决战时间，都是来自不实的传闻、胡编乱造的。

8月23日下午1点56分，法国侵略者首先派出鱼雷艇攻击我旗舰"扬武"号，中国海军奋起反击，各自为战。罗亚尔参加了海战，他在《中法海战》中记述："下午1点半，各归战斗岗位……中国人亦紧守着他们的大炮""模仿我们动作的中国人亦同样准备好了"。战斗中，"惯于使用他们不良大炮的中国人，作坚强抵抗"。"在如雨的机关炮弹下，他们不停地射击……他们的一颗圆形炮弹穿过'伏尔他'号的过道甲板，击毙领港人汤马斯及在舵轮边的两个舵手。"

炮声就是命令！40天来，法舰队咄咄逼人与我对峙港内，近至几百米。面对武装到牙齿的敌人，清军官兵同仇敌忾，早就准备血战一场了，有的军官还写了遗书，各舰早已炮弹上膛瞄准了敌舰。尽管接战仓促，但官兵们奋勇杀敌，宁死不屈，反应敏捷，"扬武"号在开战十几秒后就发炮回击，且命中敌舰杀伤了鬼子。"扬武"号在下沉前的短时间内，尾炮和舷炮均连发数弹轰向敌人。"振威""福星""飞云"等舰官兵视死如归，勇猛冲击敌舰，不幸中弹沉没。连法舰军官也称赞清军："有些人表现出勇敢和英雄的榜样，在其中一艘巡洋舰上，船身四分之三都着火了，而且即要沉入江中，中国黄旗忽然升起来，又有一个炮手向我们的战舰送来最后一炮。"

开战后，张佩纶和何如璋登上船政后山高处，指挥陆营反击，清军克虏伯大炮"毫不停止地对准'伏尔他'号射击"。清军以炮台炮火和持续的步枪射击，以及战前之护厂埋雷，吓阻了敌人登陆，粉碎了法军占领马尾的企图，但船政设施被轰成半毁。

马江海战是在港内驻泊状态下发生的，是近现代海军作战史上罕见的战例，双方都不能充分展开队列。法国舰队侵略意图明确，利在速战，凭借战役发起之突然性，进一步扩大了实力优势。战场形势瞬息万变，开火不及10分钟，中方各舰就丧失了战斗力。战斗非常残酷和血腥，据罗亚尔回忆："江面上满是木块、析艇、碎桅和船帆碎片。攀伏在这些漂流破物上的是……天朝兵士，他们头部浮出水面，象些小黑点。我们的水兵……因战斗过于兴奋……对这些在水上漂流的黑点用枪射击。"侵略强盗把战场作屠场，违反国际公法，惨无人道地屠杀了数百落水清军。这是自两次鸦片战争以来法国侵略军欠下中国人民的又一笔血债。英国人赫德在《中国海关与中法战争》中说：法国政府的行动很愚蠢，法国海军的行为更加残酷狠毒。法国在福州虽然取得了所谓的胜利，但那天真正的荣誉应属于战败的人们。他们奋战到底，并且和焚烧着的、被枪弹洞穿的船舰一齐沉没！

四、朝廷诿过嫁祸，忠良百年沉冤

23日晚，何如璋带勇丁80余人撤退至后山，在乡间祠堂稍加整顿。随后他冒着危险返回马尾，亡羊补牢，将船政经费白银36000两押解到福州入库，避免落入敌人或盗贼之手，减少了损失。

战后，张佩纶、何如璋就水师失利上奏折自请逮问。尽管战役前后中法之间互有胜负，此役清廷损失远不及几次割地赔款的战争，但腐败昏庸的慈禧根本不检讨其投降怯战、贻误战机乃致败之恶源，竟恼羞成怒，贼喊捉贼，下旨将张、何革职。

战败令福州民情沸扬，谣言蜂起。在封建专制的环境中，在新闻媒体匮乏的情况下，人们不了解事件真相，又急于找到战败的责任承担者。福建籍京官潘炳年等要为慈禧寻找替罪羊，利用激愤传闻，掩盖事实真相，罗织莫须有的罪名，上疏弹劾张、何二人，诬陷他们"玩寇弃师，偾军辱国，朋谋罔上，怯战潜逃"。随后万培因落井下石，诬告何如璋趁火打劫盗走船厂银子26万两，有人甚至信口雌黄诬蔑何如璋投宿洋行、私通法国，是日本间谍，等等，真是欲加之罪，何患无辞。

朝廷委派左宗棠为钦差大臣督办福建军务，赴闽调查相关人、事。其时，潘、万奏折已产生恶劣影响，慈禧朝廷对何、张已有了很深的偏见，社会舆论对何、张越来越不利。正如张佩纶所奏:"闽省京官及一二绅士,朋谋构陷,既请密查,又恐事涉虚诬,登之《申报》以肆丑诋,复煽惑劣绅公呈助焰,意在必成此狱。"

德高望重的左宗棠与杨昌浚等各方调查人员,深入马尾、福州等地详查数月,甄别、澄清了事实,一一举证,秉公推翻了潘、万奏折中诬蔑不实之词。根据被告各人主管范围、应负职责及战役前后的具体表现,左宗棠、杨昌浚上奏朝廷,建议对张佩纶"既经革去三品卿衔,而人言不已,应请交部议处,以示薄惩";对何如璋则"既经革职,可否邀恩免议?"

然而,左、杨奏折没能迎合旨意,慈禧一意孤行,终将张、何从重贬成张家口军台治罪,达3年之久,制造了百年沉冤。清末民初,谕旨和潘折辑入《清史稿》,混淆了视听,加上宫廷文书不曾解密,以及唯上唯书唯心加之浮躁之风影响,导致了120多年来不少中国外交史书籍、历史教科书、军事著作、通俗读物、电视剧本、研究论文等以讹传讹,谬种流传。有的书稿既舍学术之严谨,又背常人之道德,仅凭童谣传言,就瞎猜瞎想、颠倒黑白、自任判官、破口开骂,致"汉奸""投降派"帽子满天飞,亲痛而仇快。

五、历史呼唤正义,拨乱反正归真

历史自有公论,历史孕育真理。尊重历史,慎对历史人物,是正义与责任的体现,也是传承爱国主义教育传统、促进中华和平崛起的需要。割断或歪曲历史,则必然阻碍科学发展。制造和容忍百年沉冤,其要害就是颠倒战争罪责,放纵法国侵略者,为强盗和投降卖国的慈禧朝廷开脱,转移公众视线,混淆晚清爱国主战派与投降派贪官污吏的本质区别。这实际上是一种丑陋的自残,也是荒唐的迷失。

1984年马江战役100周年纪念前夕,福州文史界人士前往北京中国第一历史档案馆、武汉海军军事博物馆和上海图书馆等处,搜集到马江战役前后大量谕旨、奏章、来往电文等权威性史料,何如璋后人亦向有关部门提供了家书等珍贵史料,百年沉冤才逐渐被人了解。许多学者经对中外史料文献认真严肃的考证研究,改变了新中国成立以来对中法战争和相关人物本质研究长期空白的颓态,取得了重大突破,1991年南京大学出版社出版了苏州大学历史学家俞政教授的著作《何如璋传》,2007年北京中国大百科全书出版社出版了福建师范大学历史学家陈贞寿教授《中法马江海战》一书,公开了大批翔实确凿的历史资料,图文并茂,驱散百年迷雾,重现历史真实。他们论点新颖,论据充分,论证说理中肯透彻,主张不以成败论英雄,对人不仅要看一时一事,更要看整个人生历程,认为何如璋是一位满怀爱国热忱的正直官员,从未向列强低过头,他在历史上还有一功,就是首任驻日本国公使4年多,当日本侵吞琉球时,曾严正照会日本,措辞强硬,谴责日本"背邻交,欺弱国,为此不信不义无情无理之事",同时积极献策朝廷力争琉球。他在日本为国家争公理,抗强权,按条约开设了神户、横滨、长崎3处领事馆,

第一章
船政在海防建设和反侵略斗争中的表现

并收回领事裁判权，完成了艰巨的外交任务，不辱使命，还具有战略眼光地提出修改不平等条约。陈贞寿教授特别指出，对马江海战"这段历史的一些重要人物的传说甚至丑化，再不能以讹传讹了，否则就是对历史和后代不负责任"。

值得注意的是，至今仍有人为谋取个人名利、哗众取宠，继续往历史人物脸上抹黑，蓄意制造危言耸听的"轰动新闻"，例如2004年以后张伟、孔祥吉散播"何如璋是日本间谍"的谬论，经过清华大学历史学院刘晓峰教授、南开大学古籍与文化研究所吴振清教授和何如璋之孙何欢言、何恒封等撰文给予驳斥，至今已将近四年，张、孔自知理亏不敢再提异议，可证其所谓"间谍"说纯属造谣诽谤、欺世盗名的卑鄙行为。

国家清史编纂委员会主任、中国人民大学博士生导师戴逸教授2004年6月复函广东省大埔县何如璋研究会，指出："何如璋是晚清历史上不可忽视的重要人物，也是一位有见识的外交家和爱国人士。以往有些史籍对其褒贬不一，《清史稿》也只有寥寥数语，语焉不详。……寄来的资料，对新修清史中何如璋传记的撰写非常有用。"由于史学家对何如璋的评论好转了，2004年8月23日，何欢言、何恒封应邀出席了马江海战120周年纪念大会。有理由相信，随着进一步地发掘研究、实事求是拨乱反正，对中法马江海战相关人、事的客观公正的评价，将会逐渐清晰和趋于主导，百年沉冤必将昭雪。

作者：何伟

第二章 甲午海战与方伯谦冤案

第一节 船政毕业生促进北洋水师成军

一、参与制定《北洋海军章程》

由船政毕业生林泰曾、刘步蟾、方伯谦等参加起草的《北洋海军章程》，经清廷批准当年（1888）颁发执行，标志着北洋水师正式成军。

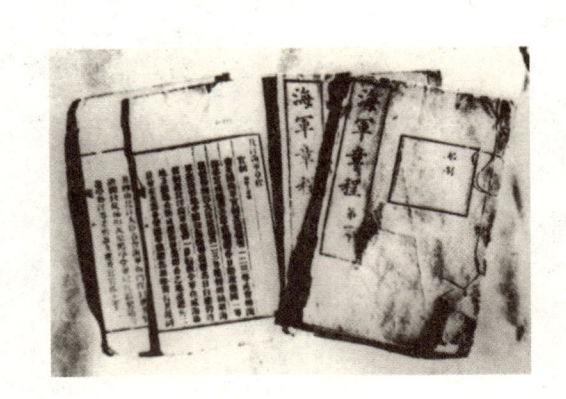

第二章
甲午海战与方伯谦冤案

二、方伯谦主持建造旅顺新式炮垒

中法战争期间竣工的旅顺口威远炮台是中国自行设计建造的第一座近代化要塞炮垒，并且质优费省。

三、在北洋舰队中担任要职的船政毕业生

由船政毕业生方伯谦主持建造的旅顺口威远炮台

北洋舰队主要将领一览表

姓名	军级	职务	出身
丁汝昌	提督		淮军将领
林泰曾	左翼总兵	"镇远"舰管带	船政驾驶班一届毕业
刘步蟾	右翼总兵	"定远"舰管带	船政驾驶班一届毕业
邓世昌	中军中营副将	"致远"舰管带	船政驾驶班一届毕业
方伯谦	中军左营副将	"济远"舰管带	船政驾驶班一届毕业
叶祖珪	中军右营副将	"靖远"舰管带	船政驾驶班一届毕业
林永升	左翼左营副将	"经远"舰管带	船政驾驶班一届毕业
邱宝仁	右翼左营副将	"来远"舰管带	船政驾驶班一届毕业
李和	后军前营都司	"平远"舰管带	船政驾驶班一届毕业
黄建勋	左翼右营参将	"超勇"舰管带	船政驾驶班一届毕业
林履中	右翼右营参将	"扬威"舰管带	船政驾驶班三届毕业
蓝建枢	后军右营都司	"镇西"舰管带	船政驾驶班三届毕业
陆麟清	左翼中营游击	稽查全军机务	船政管轮班一届毕业
李鼎新	右翼中营游击	"定远"舰副管带	船政驾驶班四届毕业
余贞顺	右翼中营游击	稽查全军机务	船政管轮班一届毕业
林颖启	精练前营游击	"威远"舰管带	船政驾驶班二届毕业
萨镇冰	精练左营游击	"康济"舰管带	船政驾驶班二届毕业
戴伯康	精练右营游击	"敏捷"舰管带	船政驾驶班三届毕业
林国祥	都司	"广乙"舰管带	船政驾驶班一届毕业
程璧光	都司	"广丙"舰管带	船政驾驶班五届毕业
刘冠雄	中军右营都司	"靖远"舰帮带大副	船政驾驶班四届毕业
黄鸣球	都司	"镇边"舰管带	船政驾驶班六届毕业
陈兆锵	右翼中营游击	"定远"舰总管轮	船政管轮班二届毕业

注：主要职务都是船政出身人员担任，以下不详列。

063

四、北洋海军建制

北洋海军建制示意图

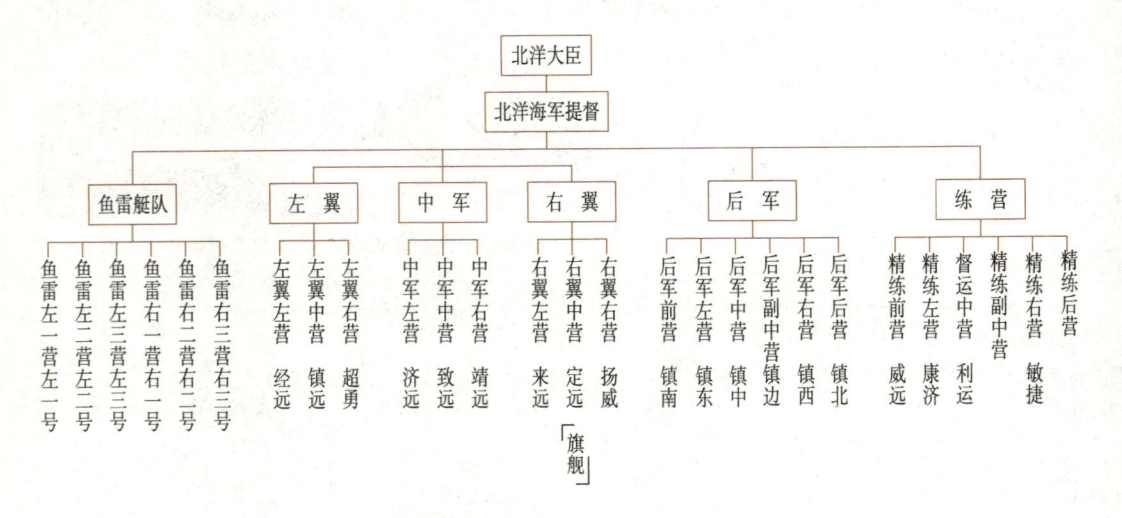

```
                           北洋大臣
                              │
                         北洋海军提督
  ┌───────┬──────┬──────┬──────┬──────────┐
鱼雷艇队  左翼   中军   右翼   后军       练营
```

- 鱼雷艇队：鱼雷左一营左一号、鱼雷左二营左二号、鱼雷左三营左三号、鱼雷右一营右一号、鱼雷右二营右二号、鱼雷右三营右三号
- 左翼：左翼左营 经远、左翼中营 镇远、左翼右营 超勇
- 中军：中军左营 济远、中军中营 靖远、中军右营 致远
- 右翼：右翼左营 来远、右翼中营 定远[旗舰]、右翼右营 扬威
- 后军：后军前营 镇南、后军左营 镇东、后军中营 镇中、后军副中营镇边、后军右营 镇西、后军后营 镇北
- 练营：精练前营 威远、精练左营 康济、督运中营 利运、精练副中营 敏捷、精练右营、精练后营

"经远"号

左翼左营装甲巡洋舰，由船政出身的林永升副将任管带，该舰帮带大副陈荣（兆麟）都司等也是船政学堂毕业生。

第二章
甲午海战与方伯谦冤案

"超勇"号
　　左翼右营巡洋舰，由船政出身的黄建勋参将任管带。该舰帮带大副翁永瑜守备等也是船政学堂毕业生。

"镇远"号
　　左翼中营铁甲舰，由船政出身的林泰曾总兵任管带，该舰帮带大副何品璋都司、炮务二副沈淑龄守备、枪炮大副曹嘉祥守备、大管轮王齐辰都司都是船政学堂毕业生。

"定远"号铁甲舰管带右翼总兵刘步蟾

"定远"号
　　北洋舰队旗舰、右翼中营铁甲舰，由船政出身的刘步蟾总兵任管带，该舰副管带李鼎新游击、鱼雷大副徐振鹏守备、炮务二副邓士聪守备、高永锡守备及总管轮陈兆锵游击等都是船政学堂毕业生。

"来远"号
　　右翼左营巡洋舰，由船政出身的邱宝仁副将任管带，该舰帮带大副张哲溁都司也是船政学堂毕业生。

"来远"号管带邱宝仁副将

065

沧浪为我洗烟峰

"扬威"号
右翼右营巡洋舰，由船政出身的林履中参将任管带，该舰帮带大副郑文超守备等都是船政学堂毕业生。

"致远"号巡洋舰管带
中军中营副将邓世昌

"致远"号
中军中营巡洋舰，由船政出身的邓世昌副将任管带。

"靖远"号
中军右营巡洋舰，由船政出身的叶祖珪副将任管带。该舰帮带大副刘冠雄都司、枪炮官黄钟瑛守备都是船政学堂毕业生。

第二章
甲午海战与方伯谦冤案

"济远"号
中军左营巡洋舰，由船政出身的方伯谦副将任管带。

"康济"号
精练左营练习舰，由船政出身的萨镇冰游击任管带。

萨镇冰
"康济"号练习舰管带，船政驾驶班二届毕业。

"威远"号
精练前营练习舰，由船政出身的林颖启游击任管带。

沧浪为我洗烟峰

程璧光
"广丙"号巡洋舰管带，是船政驾驶班五届毕业生。

"广丙"号
粤洋水师客舰、巡洋舰，船政制造，管带程璧光都司是船政出身。

"敏捷"号
精练右营练习舰，由船政出身的戴伯康游击任管带。

"平远"号
后军前营钢甲巡洋舰，是船政设计制造的2100吨舰船，管带李和都司是船政驾驶班一届毕业生。

"广乙"号
粤洋水师客舰、巡洋舰，船政制造，管带林国祥都司是船政驾驶班一届毕业生。

068

第二章
甲午海战与方伯谦冤案

"镇南"号
　　后军前营炮舰，由船政出身的蓝建枢都司任管带。

"镇中"号
　　后军中营炮舰，由船政出身的林文彬都司任管带。

"镇边"号
　　后军副中营炮舰，由船政出身的黄鸣球都司任管带。

第二节

船政毕业生在丰岛、黄海、威海海战中的表现

一、在丰岛海战中的表现

　　方伯谦，"济远"舰管带、福建船政后学堂驾驶班一届毕业、船政第一届留英生。在丰岛海战中，首先遭日本"吉野""浪速""秋津洲"3舰突然袭击。他立即下令编队回

击,"济远"一实心钢弹击中"吉野",弹入机器间。激战近两小时,因力量悬殊,最后力竭,悬白旗示意停战退出战斗。日舰仍追击。"济远"停炮不停轮,一俟敌舰迫近,突以后主炮连续轰击"吉野",4发3中,重创之。"吉野"遁,遂驶回。后受清廷传旨嘉奖。当时,日人以"济远"能战,"犹图绘于报纸,以为警告云"。

曾击中"浪速"锚机的"广乙"舰,由船政出身的林国祥任管带,丰岛海战开始不久即受创,避向朝鲜西海岸抢滩搁浅,人员登岸,林国祥下令自毁其船。

方伯谦

"济远"号穹甲巡洋舰

由船政出身的方伯谦任管带的"济远"舰,在丰岛海战中以一敌三,重创追敌,全舰而返。

曾被"济远"舰击伤而遁的日舰"吉野"号

二、船政毕业生在黄海海战中的表现

(一)开战初,北洋水师主帅震落,旗舰信桅折断,无旗宣令,舰队陷入混乱

丰岛海战后,中日双方于1894年8月1日正式宣战,9月17日午后12时50分,中日双方舰队在大孤山外海大鹿岛以南海域爆发了海战。史称黄海海战,亦称大东沟海战。

两舰队相距3000米时,日舰队始行攻击,第一游击队4舰猛击"扬威""超勇",本队集中火力轰击北洋舰队旗舰"定远"号,"定远"中弹,桅杆折断,无旗宣令,舰队陷入混乱,各自为战。据《日清海战史》记载,定远之前樯被击断而不得揭信号,各舰遂得各自运动,而纪律荡然。《中国历代战争史》亦载:"清旗舰仅于开仗时升一旗令,此后遂

《黄海海战图》

无号令，因最初半小时之炮火丛集，已悉毁清舰上樯桅及绳索，信号无从悬出。即帅旗亦被击落，以后遂不复升。待日舰本队绕至背后时，清军阵列始乱，此后即不复整矣。"

（二）最先离阵的是"扬威""超勇"舰

12时55分，日第一游击队4舰猛攻中国舰队右翼"扬威""超勇"二舰。"扬威"舰中弹起火，首先脱离战阵，驶往大鹿岛附近搁浅、焚没。船政出身的管带林履中投海死。

"超勇"本在"扬威"之左，"扬威"中弹起火离阵后，"超勇"首当其冲，亦中弹着火，随"扬威"脱离战场，因机器伤损，行驶迟缓，故当日舰队本队绕至清军阵后时，又与日舰相遇，遂在炮火丛集中沉没。时间是下午2时23分。

"扬威"管带林履中，船政驾驶班三届毕业生，浮沉海中时，船上抛长绳以救之，推不就以死。李鸿章曾

黄建勋

"超勇"管带黄建勋，船政驾驶班一届毕业生，随船与各员焚溺，亦壮烈牺牲。

"定远"号

两舰队相距5800米时，北洋舰队旗舰"定远"号首先开炮，未中日舰却将提督丁汝昌震落摔伤，丁遂被扶入舱。

"定远"舰模型

"扬威"号

"超勇"号

"镇远"号

重创后的"松岛"号
被"镇远"重创(舰首有大黑洞处)的"松岛"号勉强浮在水上。

一弹轰废的"松岛"号
被我"镇远"巨弹击中的"松岛"舰,其分队长、大尉志摩清直被击毙,死伤百余人。

为林履中和"扬威"阵亡官兵请恤,后了解"扬威"首先脱离战阵的事实后,遂作罢。帮带大副郑文超反受处分。

(三)重创日本旗舰"松岛"的"镇远"舰

船政出身的"镇远"舰管带林泰曾在黄海海战中指挥官兵英勇奋战。日本联合舰队旗舰"松岛"号被"镇远"一枚305毫米炮弹击中,引发弹药爆炸,死伤113人,军舰废,战争后退出现役。

林泰曾
重创"松岛"的"镇远"舰管带。协助他的帮带大副何品璋、炮务二副沈淑龄均系船政学堂毕业生。

(四)击伤日舰"赤城""西京丸"的"定远"等舰

13时20分,"来远"及左翼的"济远""致远""靖远"等舰齐向"赤城"炮击,"赤城"少尉候补生及第一分队长佐佐木广胜一死一伤,13时25分,"赤城"又被"定远"击中,舰

第二章
甲午海战与方伯谦冤案

长坂元八郎太等阵亡。

黄海海战战至下午2时许,日本"西京丸"舰被"定远"等舰击中,轮机失灵。

"比睿"号因速度迟缓落后,被"定远""镇远"猛烈炮击,甲板起火,后突围而出,退避到大同江口。海战结束后方与联合舰队本队会合。

被"定远"舰舰炮击毙的日舰"赤城"号舰长坂元八郎太

击伤日舰"赤城"号并击毙其舰长的"定远"舰管带刘步蟾

险被鱼雷击沉的"西京丸"号

"赤城"号

"比睿"号

击伤日舰"赤城"号并击毙其舰长的"定远"舰

其舰长由船政出身的刘步蟾担任,副舰长李鼎新、鱼雷大副徐振鹏、炮务二副邓士聪、高承锡等均出身于船政学堂。

被击中12弹的日舰"西京丸"号甲板上一片狼藉,脱离战场远遁。

（五）驾舰冲向敌舰壮烈牺牲的"致远"舰官兵

午后3时30分，"致远"号受重创，冲击日舰"吉野"号寻求共亡不成，被敌鱼雷击中而沉。船政出身的管带邓世昌等250名官兵均阵亡。

（六）被击沉的"经远"舰

"致远"舰被击沉后，"经远""靖远""来远"舰受创起火、力不能支，亦逃避，而"经远"号管带林永升及大副、二副等先阵亡，船行无主，该舰遭两日舰长时间攻击，午后4时30分在西海岸水域被击沉。英勇奋战牺牲的管带林永升、帮带大副黄荣（字兆麟）等均系船政学堂毕业生。

"致远"舰部分官兵生前合影

与秦始皇并祀的邓世昌

山东省荣成人民为纪念船政出身的"致远"舰管带邓世昌，在秦始皇帝庙享殿秦始皇塑像西侧供奉邓世昌木雕坐像，左右分塑持枪的士兵。

"致远"号冲向"吉野"

"致远"舰被敌鱼雷击沉

第二章
甲午海战与方伯谦冤案

林永升（1853~1894）
船政驾驶班一届毕业生，北洋舰队"经远"舰管带，黄海海战中随"致远"攻击日游击舰队中弹脑裂而亡。受重创的"经远"号避往西海岸水域，又与两艘日舰奋战直至舰沉。

"经远"号

（七）惊慌而逃的"广甲"舰

"广甲"见"致远"沉没，急离阵而逃，时"来远"火甚，迫趋"广甲"之侧，呼救不已，"广甲"不顾，"来远"怒击之，中其厕所。后于大连湾外三山岛故意触礁搁浅。"广甲"系船政制造，舰长吴敬荣（非海校出身，李鸿章、丁汝昌合肥同乡）。管轮卢毓英船政管轮班四届、后入广东黄埔水师学堂四届毕业，著有《卢氏甲午前后杂记》。

"广甲"号

（八）孤军作战的"济远"舰

"致远"沉，"来远""靖远"起火避往大鹿岛，"广甲"无伤先逃，径回大连湾。"经远""济远"伤重向西海岸水域引避。第一游击队4舰追击，分头攻击。午后4时30分"吉野""高千穗"击沉了"经远"，于是第一游击队4舰合击"济远"。"济远"被敌舰截在西

"济远"号

"来远"号

后洋员马格禄奉派验看"广甲"号，据云"广甲"船无伤，唯厕所一小孔，而这个小孔正是《冤海述闻》"来远怒击之，中其厕所"这一记载的见证。

旅顺口黄金山

黄海海战后，李鸿章、丁汝昌受朝野谴责，为转移舆论对其战略、战术及指挥失误的抨击，便以方伯谦为替罪羊予以处斩。刑场地点即今旅顺黄金山脚下。"济远"士卒闻知"均奔山麓伏尸而哭，号啕跌踯，声闻数里，见者无不泪下"。（据《卢氏甲午前后杂记》及《冤海述闻》记载）

边，孤军作战，中弹70余处，阵亡7人，伤13人，炮械全坏，"无可战，只得保船西驶"。"吉野"等舰随其西驶，追迫攻击不已，方伯谦且战且走。直到午后5时40分，第一游击队见到本队发射的"停止战斗，归队"的信号方停止追击。海战在东、西两个战场同时停止了作战行动。"济远"舰遂得以生还旅顺。

"济远"舰管带方伯谦战后被诬以"首先逃走，致将船伍牵乱，实属临阵退缩"，未经审问，立即正法。"军中冤之。"

"济远"号是北洋舰队"八远"军舰中设计最差的一艘，海战中伤损严重，奋战近5个小时直至海战结束，却被诬为"临阵脱逃"、牵乱船队，管带不经审讯立即斩首，作为海战失败替罪羊，成为千古奇冤。

（九）从权升旗接替旗舰指挥的"靖远"舰

下午5时许，"靖远""来远"舰修竣归队。"靖远"帮带刘冠雄（船政驾驶班四届毕业）因见督船（旗舰）桅折后，无旗宣令指挥，为敌所乘，全军不知所措，急请管带叶祖珪（船政驾驶班一届毕业）从权接替旗舰发令，统率余舰变阵，绕击日舰。日舰本队因第一游击队追击"经远""济远"两个小时不归，各舰伤损严重，又见北洋水师散而复整，惧我鱼雷艇将乘夜暗袭击，遂于5时半挂出停止战斗的号令，首先退出战场南驶并召还追击"济远"的日第一游击队与之会合。此时北洋舰

黄海海战

第二章 甲午海战与方伯谦冤案

中华民国海军总长刘冠雄
有大将之才的"靖远"号帮带大副刘冠雄，因见旗舰桅折后，无旗宣令，于是对舰长叶祖珪说："此而不从权发令，全军覆矣。"刘冠雄船政出身，民国前期三任海军总长。

叶祖珪
"靖远"舰管带，船政驾驶班一届毕业。黄海战后期接受刘冠雄建议，从权升旗接替旗舰发令指挥。后来清政府重建海军时，任南北洋海军统领。

队"扬威""超勇""致远""经远"已沉，"广甲"已逃，只有"济远"未能归队，为日第一游击队所追迫攻击之唯一一舰。时已向暮，北洋舰队也收队驶回旅顺，黄海海战到此结束。

接替旗舰从权升旗宣令指挥的"靖远"舰

三、船政毕业生在威海之战中的表现

（一）北洋舰队保船避战株守威海

日军向花园口登陆的消息传到北京，清廷即下令北洋舰队截击，舰队没有出动。日军攻占金州，丁汝昌却请求撤离旅顺口。舰队撤至威海后，再未出巡，株守威海直至覆灭。

（二）"镇远"舰触礁撞裂，管带林泰曾服毒自杀

丁汝昌率舰队抵威海时，因北口水面浮标移动，"镇远"舰不幸触礁，撞裂8处，驶

株守威海的北洋水师

至浅处抛锚待修。

"镇远"管带林泰曾痛不欲生，又受到刘步蟾责备，遂服毒自杀。林泰曾系林则徐胞弟林霈霖长子林龙言的四子。船政驾驶班一届毕业。

左翼总兵林泰曾

（三）坚守日岛炮台的"康济"舰管带萨镇冰

守卫日岛炮台的"康济"舰管带萨镇冰，守卫着威海卫港宽阔的南口，直至炮台被毁，丁汝昌命他率水兵撤回刘公岛。后不愿从众投降，曾向洋员泰莱求毒自杀，被拒自杀不成。萨镇冰系船政驾驶班二届毕业。

萨镇冰守卫的日岛炮台曾与日舰展开激烈炮战，日舰"扶桑""筑紫"两舰先后中弹，日岛的地阱炮（隐现炮）、弹药房、营房均被击毁。

萨镇冰

（四）被敌击沉的"来远""威远"等舰

舰队铁甲舰"镇远"号

停泊在威海卫港的北洋舰队

被日岛炮台击伤的日舰"筑紫"号

第二章
甲午海战与方伯谦冤案

威海卫港南口形势图
　　图中北为刘公岛，中间小岛即日岛，南为南岸炮台。

被日岛炮台击伤的日舰"扶桑"号

日岛炮台遗址

（五）与舰共存亡的船政出身的管带

敌鱼雷艇8艘突入港内，被"定远"舰发炮击中一艘。但"定远"舰亦被击中倾斜，急砍断锚链，驶入刘公岛南岸浅滩搁浅，直至丁汝昌下令自行炸沉。管带刘步蟾当夜自尽。

林颖启
　　时任"威远"舰管带、精练前营游击，船政驾驶班二届毕业，后在刘公岛被俘。

被敌鱼雷艇击沉的"威远"舰

被敌鱼雷艇"小鹰"号击沉的"来远"舰
　　"来远"舰管带、左翼左营副将邱宝仁，船政驾驶班一届毕业。后在刘公岛被俘。

沧浪为我洗烟埃

（六）自爆沉没的"靖远"舰

"靖远"中弹遍体，伤亡40余人，后又被击中要害，无法再战，于1895年2月10日自行炸沉。

"靖远"舰管带、中军中营副将叶祖珪，船政驾驶班一届毕业。舰沉后在刘公岛被俘。

自爆将沉的"靖远"号

即将沉没的"定远"舰

刘步蟾

"定远"舰管带，船政驾驶班一届毕业。因"定远"受创自行炸沉，当晚服毒自尽，实现了"舰亡人亡"的誓言。

被日本俘获的受伤的"镇远"舰

杨用霖

署"镇远"舰管带、右翼中营游击，系船政"艺新"舰舰员出身，"镇远"被俘后，不愿投降，用枪自杀。

080

第二章
甲午海战与方伯谦冤案

（七）威海签降与被俘的船政出身管带

丁汝昌死后，帮办北洋海军提督英人马格禄和洋员浩威、瑞乃尔及部分清军官员决定向日军投降，浩威假丁汝昌之名起草洽降书。由"广丙"管带程璧光挂白旗乘"镇北"炮舰至日本旗舰"松岛"送上洽降书。13日营务处提调牛昶晒到"松岛"呈上投降书，接受投降条件。次日与伊东祐亨在《威海条约》上签了字。甲午

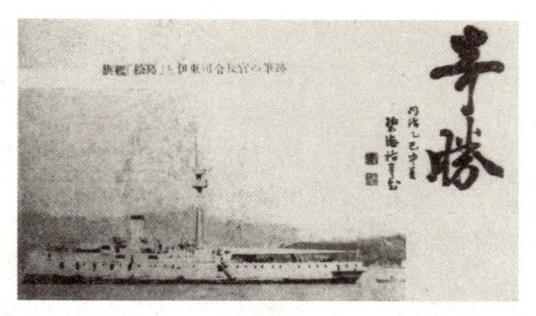

甲午战后伊东祐亨在"松岛"号图片上手书"奇胜"

"镇北"号

"广丙"舰管带程璧光乘"镇北"号至日本旗舰"松岛"送上洽降书。

被日军俘获的"广丙"舰
管带程璧光，船政驾驶班五届毕业，被俘投降。

北洋营务提调牛昶晒（背立者）向日本联合舰队司令长官伊东祐亨（右2）呈递投降书

被日军俘获的"济远"舰
管带方伯谦已被诬杀，继任管带原"广乙"管带林国祥（船政驾驶班一届毕业）被俘投降。

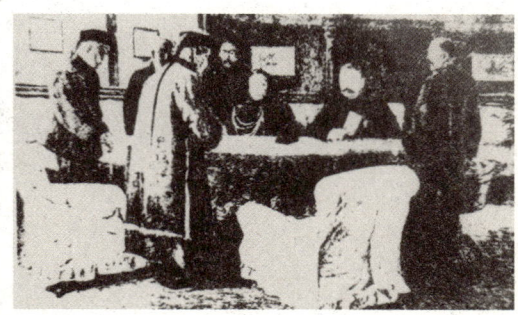

被日军俘获的"镇远"舰
管带林泰曾、继任管带杨用霖皆已自杀，帮带大副何品璋（船政驾驶班四届）、大管轮王齐辰（船政管轮班二届）、炮务二副沈淑龄（船政驾驶班六届）等均被俘投降。

081

战争以中国的失败告终。

"康济"舰和管带萨镇冰（船政驾驶班二届毕业）不在降俘之列，该舰载着丁汝昌、刘步蟾、林泰曾等的灵柩及兵、民1000多人驶向烟台。

甲午战败后，清廷调李鸿章入阁办事，实授云贵总督王文韶为直隶总督兼充北洋大臣。王文韶奏请将北洋海军武职实缺全裁并将关防印信撤销，失事舰、艇长一并革职，北洋海军官兵全部罢遣。

被俘获的"平远"舰
　　管带李和，船政驾驶班一届毕业，被俘投降。

被俘的"镇中"舰
　　管带蓝建枢，船政驾驶班三届毕业，被俘投降。

被俘的"敏捷"舰
　　"敏捷"舰管带戴伯康，船政驾驶班三届毕业，被俘投降。

被俘的"镇边"舰
　　管带黄铭球，船政驾驶班六届毕业，被俘投降。

正在装运的"康济"舰

四、船政毕业生在甲午战争中的结局

姓名	毕业班级	在舰职务	职称	结局
刘步蟾	驾驶班第一届	"定远"舰管带	右翼总兵	自杀殉国
林泰曾	驾驶班第一届	"镇远"舰管带	左翼总兵	撞舰自杀
邓世昌	驾驶班第一届	"致远"舰管带	中军中营副将	牺牲
叶祖珪	驾驶班第一届	"靖远"舰管带	中军右营副将	被俘遣返革职
方伯谦	驾驶班第一届	"济远"舰管带	中军左营副将	被诬罪杀
林永升	驾驶班第一届	"经远"舰管带	左翼左营副将	牺牲
邱宝仁	驾驶班第一届	"来远"舰管带	右翼左营副将	被俘遣返革职
李 和	驾驶班第一届	"平远"舰管带	后军前营都司	被俘遣返革职
林国祥	驾驶班第一届	原"广乙"舰管带，后任"济远"舰管带	都司	被俘遣返革职
黄建勋	驾驶班第一届	"超勇"舰管带	左翼右营参将	牺牲
萨镇冰	驾驶班第二届	"康济"舰管带	精练左营游击	革职
林颖启	驾驶班第二届	"威远"舰管带	精练前营游击	被俘遣返革职
蓝建枢	驾驶班第三届	"镇中"舰管带	后军右营都司	被俘遣返革职
戴伯康	驾驶班第三届	"敏捷"舰管带	精练右营游击	被俘遣返革职
林履中	驾驶班第三届	"扬威"舰管带	右翼右营参将	牺牲
李鼎新	驾驶班第四届	"定远"舰副管带	右翼中营游击	被俘遣返革职
何品璋	驾驶班第四届	"镇远"舰帮带大副	左翼中营都司	被俘遣返革职
刘冠雄	驾驶班第四届	"靖远"舰帮带大副	中军右营都司	被俘遣返革职
林文彬	驾驶班第四届	"来远"舰帮带大副	右翼左营都司	被俘遣返革职
陈 荣	驾驶班第四届	"经远"舰帮带大副	左翼左营都司	牺牲
程璧光	驾驶班第五届	"广丙"舰管带	都司	被俘遣返革职
黄鸣球	驾驶班第六届	"镇边"舰管带	都司	被俘遣返革职
郑文超	驾驶班第六届	"扬威"舰帮带大副	右翼右营守备	被俘遣返革职
翁守瑜	驾驶班第六届	"超勇"舰帮带大副	右翼右营守备	牺牲
翁祖年	驾驶班第六届	"康济"舰帮带大副	精练左营守备	被俘遣返革职
张哲溁	驾驶班第六届	"来远"舰鱼雷大副	右翼左营守备	被俘遣返革职
沈淑龄	驾驶班第六届	"镇远"舰炮务二副	右翼中营守备	被俘遣返革职

续表

姓名	毕业班级	在舰职务	职称	结局
吴应科	驾驶班第八届	督队船大副	提标都司	被俘遣返革职
宋文翙	驾驶班第八届	"广甲"舰帮带大副	右翼中营守备	被俘遣返革职
徐振鹏	驾驶班第八届	"定远"舰鱼雷大副	右翼中营守备	被俘遣返革职
邓士聪	驾驶班第八届	"定远"舰炮务二副	右翼中营守备	被俘遣返革职
高承锡	驾驶班第九届	"定远"舰炮务二副	右翼中营守备	被俘遣返革职
陆麟清	管轮班第一届	稽查全军机务	提标参将	1893年殉职
余贞顺	管轮班第一届	稽查全军机务	提标参将	被俘遣返革职
陈兆锵	管轮班第二届	"定远"舰总管轮	右翼中营游击	被俘遣返革职
王齐辰	管轮班第二届	"镇远"舰大管轮	左翼中营都司	被俘遣返革职
黄钟瑛	驾驶班第十一届	"济远"舰舰员	不详	被俘遣返革职
蔡磐分	驾驶班第十一届	不详	不详	牺牲
张海鳌	驾驶班第十一届	不详	不详	牺牲
黎晋洛	管轮班第一届	不详	不详	牺牲
郑文恒	管轮班第二届	不详	不详	牺牲
黎弼良	管轮班第二届	不详	不详	被俘遣返革职
刘荫霖	管轮班第二届	不详	不详	牺牲
刘昭亮	管轮班第二届	不详	不详	牺牲

注：据不完全统计。

第三节

方伯谦沉冤百年终获昭雪始末

方伯谦是北洋舰队中唯一经历丰岛和黄海两次海战的将领，在丰岛战役中，他以一小型三等巡洋舰击伤了日本新式装甲巡洋舰"吉野"和"浪速"，创造了世界蒸汽装甲

第二章
甲午海战与方伯谦冤案

舰海战史上第一次以弱胜强的战例，受到了清廷传旨嘉奖。可是不到两个月，在黄海海战后第7天清晨5点，未经任何审问，三军尚未睡醒，突然在旅顺被就地正法。百年来，不断有人为其鸣冤辩诬，也有人仍否定他。改革开放后，在党的实事求是思想路线指引下，加之陆续发现新史料，方伯谦的历史旧案又引起了争论高潮。不可否认，对方案的深入研究，不仅与正确评价历史人物有关，而且有助于深入探讨甲午海战的败因。这绝不仅仅是个人、亲族或者地方荣誉的问题，而且是中国近代史上的一件大事。1991年后，福州等地先后召开了几次有关方伯谦问题的研讨会，两岸史学界、海军界人士展开了有益的讨论，取得了很多共识。当然，今天来谈中日甲午战时的人与事，因时代不同、处境悬殊、识见不一、先入为主等因素，要求评价绝对客观公正确非易事，但只要本着实事求是的精神，平心静气、言之有理、持之有据，问题总会得到解决。

一、方伯谦其人其事

（一）方伯谦战前简历

方伯谦船政学堂毕业后，历任"伏波"舰正教习、"长胜"轮大副。日本侵台时随沈葆桢赴台，教练行营精兵。光绪元年（1875）调入"扬武"舰管带兵船，远航日本各口及香港、马六甲、小吕宋等处。

1877年10月，方伯谦考入英国格林尼治皇家海军学院，次年毕业，赴法游历。7月上英国犹太拉兵船赴印度洋实习。光绪五年（1879）七月改上士班德兵船实习，驻南印度。

光绪六年（1880）二月，出洋学习期满回华，四月抵闽，六月充船政管轮学堂正教

方伯谦（1854~1894）

字益堂，福建侯官（今福州）人，船政学堂驾驶班第一届毕业，第一批留学英国皇家海军学院，是一员英勇善战的爱国将领。不幸被诬杀，"军中冤之"。

方伯谦故居

今福州朱紫坊48号，朱紫坊是福州著名的三坊七巷之一。

福州船政学堂

085

沧浪为我洗烟峰

格林尼治皇家海军学院

"扬武"号

"镇西"号

"威远"号

"镇北"号

旅顺口威远炮台

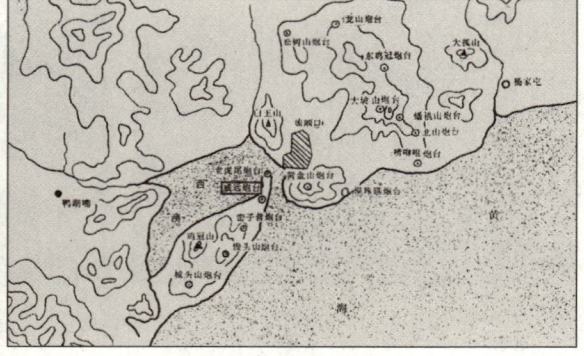

旅顺要塞威远炮台位置图

习，十一月调后学堂老班练习教习，保都司仍留原省尽先补用并加参将衔。

光绪七年（1881）二月，方伯谦奉调天津，由李鸿章委带"镇西"炮船，移家眷住大沽。是年船巡烟台。

光绪八年（1882）二月，方伯谦调任"镇北"炮船管带，巡驻旅顺、烟台、登州。

光绪八年（1882）十二月，方伯谦调任"威远"练船管带。移家眷驻烟台，船常往高丽马山浦。光绪十年（1884），中法失和，"威远"驻旅顺，方伯谦主持修建"威远"炮台。

旅顺炮台工程费用一览表

炮台名称	开建日期	完成日期	用款	炮备	建造人
黄金山炮台	光绪七年（1881年）	光绪九年（1883年）	18万6千余两	24生的3门，12生的5门，12磅前膛炮8门	汉纳根
崂律嘴炮台	光绪十年（1884年）	光绪十一年（1885年）	3万5千余两	24生的3门，12生的2门，8生的4门（小炮）	汉纳根
老虎尾炮台	光绪十年三月（1884年）	光绪十年五月（1884年）	5千3百余两	15生的长炮2门	汉纳根
威远炮台	光绪十年五月（1884年）	光绪十年八月（1884年）	3千4百余两	15生的长炮2门	方伯谦
蛮子营炮台	光绪十年（1884年）	光绪十一年（1885年）	6千300余两	15生的长炮4门，12生的长炮1门	汉纳根
母猪礁炮台		光绪十一年（1885年）	2万余两	21生的长炮2门，15生的长炮2门，8生的边炮4	汉纳根
馒头山炮台	光绪十年七月（1884年）	不详	3万余两	24生的大炮3门，12生的长炮4门	汉纳根
田鸡土炮台	光绪十一年正月（1885年）	光绪十一年七月（1885年）	1万零7百50余两	15生的后膛炮6门	汉纳根
团山土炮台	光绪十年五月（1884年）		不详		汉纳根
田家屯土炮台	光绪十年五月（1884年）		不详		汉纳根

由上表中看出方伯谦建造的威远炮台比汉纳根建造的炮台廉价得多，迫使汉纳根不得不降低造价，但汉纳根从此衔恨方伯谦。

光绪十一年（1885）九月，方伯谦调管"济远"舰，升游击并赏戴花翎，光绪十四年（1888）四月，李鸿章保以参将，次年升署北洋海军中军左营副将，委带"济远"舰。光绪十八年（1892）实授海军中军左营副将。

（二）丁汝昌自坏规矩引发矛盾

北洋海军规定，总兵以下军官、士兵不能携眷住在军港要塞，只能住在舰上，但丁汝昌自坏规矩，在威海港刘公岛上建造住房，出租给军官赚房租，引起其他人仿效。方伯谦即建造福州式房与其竞争，且因南式而大受闽籍军官欢迎，由此造成了丁、方之间的矛盾。

（三）方伯谦甲午战前之条陈

据《普天忠愤集》记载：甲午五月间，仁川、牙山等处倭船调兵来往不绝之时，方伯谦知日本存心叵测，乃上条陈于李鸿章，其内容如下：

"一谓海军战舰，合则力厚，分则势单，未决裂时，宜速召集一处，遇有变局以便调遣，若以数船分驻仁川、牙山，港道分歧，三面倭兵可到，若倭以浮雷顺流而下，必遭暗算。且我聚各船于威海、旅顺，有事则全队出北洋游弋，若遇倭船，便于邀击，至收泊之处，依于炮台，以固北洋门户，边疆自不至为所扰。

一谓九连城、凤凰城、鸭绿江一带与高丽接壤之处，宜调兵数十营，以扼其要，遇有变局，则进兵直捣韩京。且重兵出九连城各处，则兵有后路，不比乘船易为敌算。盖兵由船往，虽多派兵舰保护，倘敌以兵船邀击，复分击运兵船，运船皆商舶，不堪受炮，危不可言，故兵当由陆进也。

一谓倭兵窥韩，俄实暗中取利，盖韩为俄有，则俄舰可由三韩港道出入，泰西各国所深虑也。倘我与英各国联络保韩，则倭不敢公然逞志。

一谓倭人兵饷多取商民，彼国物产销售中国者十居其七，倘与倭议战，必先绝其通商，且防他国代为销售，若中

"济远"号

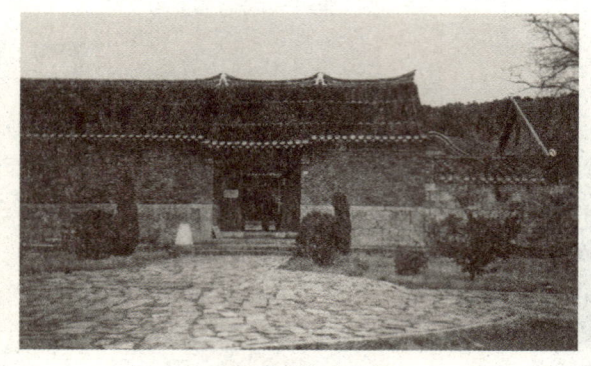

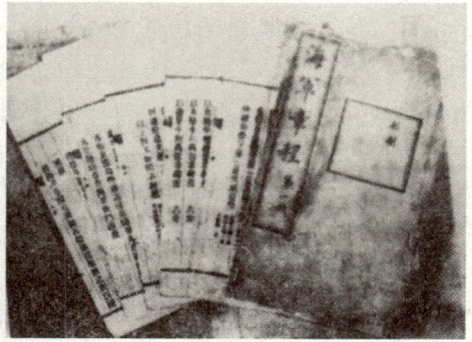

丁汝昌建北式住所　　方伯谦升参将后参与制定的《北洋海军章程》

第二章 甲午海战与方伯谦冤案

国不销其物产，则彼下议院筹款自非易。

一谓当速筹添战舰，倭之敢轻我中国者，以我海军战舰无多，且皆旧式，不及其新式快船、快炮之利，倘我添行速率之船多艘，并各船上多添快炮，则彼自闻而震慑。现英德兵船在华者多，当此战事未形，若预与英外交部订购在华战舰，订立合同，不先付款，有用给价，无用归还，但按价给息而已，驻仁税务司英员曾献是策，似属可行，且价约定，即可升中国旗，以壮声威。"

由以上五项条陈而观，方伯谦对政略、战略，堪言修养很深。参之林泰曾五月二十三日仁川电李鸿章之议，则此条陈亦为当时海军将领之共同意见，无奈李鸿章不予采择，否则战局不至失败得如此悲惨。

（四）冤杀

黄海海战失利后，李鸿章伙同丁汝昌秘密策划出一场冤狱，将良将方伯谦冤杀，以推卸他们对战争失败应负的责任。右下为李鸿章传达圣旨杀害方伯谦的电报。

方伯谦被处斩的刑场地点——旅顺黄金山脚下

方伯谦灵堂

方伯谦灵柩运回福州后葬在福州北郊白龙山

方伯谦遗物

1. 《益堂年谱》记载了1854~1893年间的大事。
2. 方伯谦的挂表，至今仍在方家。电影《北洋水师》描写方临刑前把挂表交给刘步蟾，刘把它放在邓世昌墓上，这是编造丑化方伯谦，不符事实。

寄丁提督刘镇

光绪二十年八月二十四日戌刻

总署电,本日奉旨:"李鸿章电奏,查明海军接仗详细情形,本月十八日开战时,自'致远'冲锋击沉后,'济远'管带副将方伯谦首先逃走,致将船伍牵乱,实属临阵退缩,著即行正法。'广甲'管带守备吴敬荣,随'济远'退至中途搁礁,著革职留营,以观后效,钦此。"希即钦遵,将方伯谦即行正法具报。余照行。鸿

二、方伯谦被杀后代代不乏为其鸣冤者

清代最早为方伯谦鸣冤的《冤海述闻》手抄本,在方被冤杀后第二年(1895)出版。当时,作者不敢用真名,但记载翔实,是亲自参加海战的舰上人员所撰写的第一手资料,局外人无从杜撰,因此是可信的,当时统治者亦未见有批驳封禁。此后,《中日战辑》《近代外祸史》《中日战争》《甲午中日文学集》《中日战争资料》等诸多出版物均收入转载。

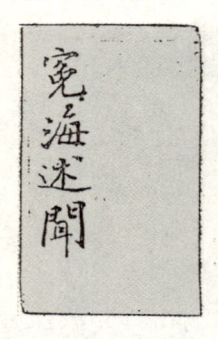

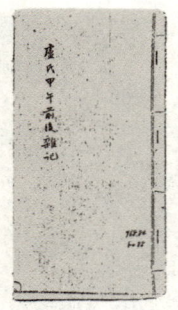

"广甲"管轮卢毓英的手稿《卢氏甲午前后杂记》记述甲午前后亲身经历和所了解的情况,也是目击者第一手资料,近年才发现,现珍藏在福建师范大学图书馆。方伯谦被杀后作者感慨地写道:"伟哉方公!惜哉方公!中国数十年培育水师人才……而竟使抱千古不白之冤,衔恨九泉……吾不独为方公惜,直为中国惜之!"此书与《冤海述闻》等史料相互参证,不能断言其为孤证。

清末诗人杜德舆作《哀辽东赋》赞方伯谦:……伯谦为将,雄略豪宕……神勇奋于澶台,老谋深于陆抗;骂李鸿章曰"秦岂乏人,鲁未可量,乃藉公以行私,敢欺君而罔上,指三字而成冤,坏长城而失傍"。诗人还有沪上感咏十首,其中第五首诗曰:"竟使长城坏,谁云执法尊?一江涛共怒,三字狱成冤。"杜德舆的诗词反映了当年民间对方伯谦与李鸿章的褒贬和认识。

当年朝臣如张謇、叶昌炽、王炳耀等纷纷弹劾李鸿章、丁汝昌贻误军机。张謇参折一针见血指出:"而以并非淮人之方伯谦……聊申军法……"

最早评论方伯谦的晚清著述为1896年出版的《东方兵事纪略》。作者姚锡光,系李鸿章幕僚,曾任驻日领事、公使,从未参加海战,站在官方立场论述,且为尊者讳,自然多与事实不符,且别有用心,其影响至今犹存。

罗惇曧著《中日兵事始末》,原是取材姚锡光的《东方兵事纪略》。作者是文职人员,为《清史稿》协修,亦站在官方立场论述。

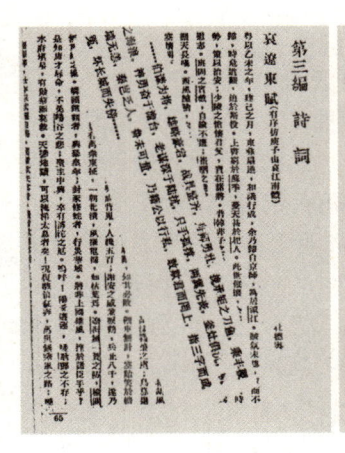

第二章
甲午海战与方伯谦冤案

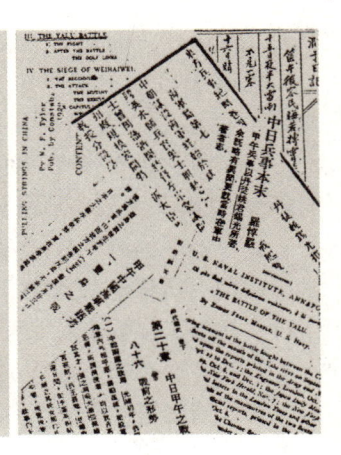

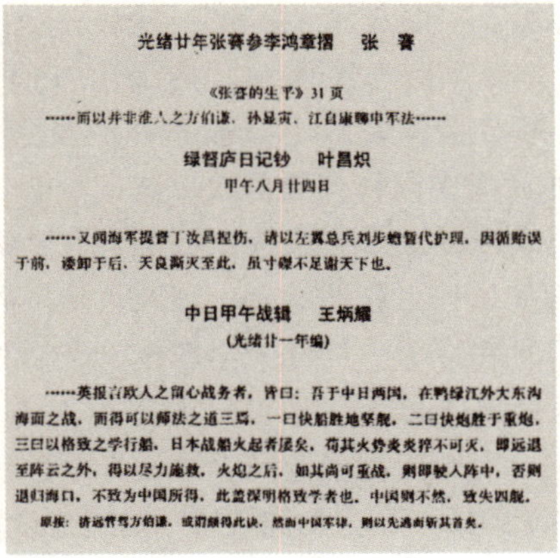

《海军大事记》书影

《甲午中日海战见闻记》，作者泰莱（W.F.Tyler），英人，出身海员，英海军后备役中尉（我国留英学生在英舰实习时已是现役海军中尉），时任"定远"舰副帮带兼汉纳根顾问。因其愿望要购置新巡洋舰由其指挥未能实现，常感职不副名，把林泰曾、刘步蟾、方伯谦说成是三个巨奸，诬济远舰各炮"为巨锤击坏，以作临阵先逃之借口"，流毒很广。泰莱是个"劣洋员"，人称其"谰言不可信"。

最早为方伯谦平反的官方著作有20世纪20年代中华民国海军部出版的《海军实纪》及《海军大事记》二书。海军部认为方伯谦是被冤杀。

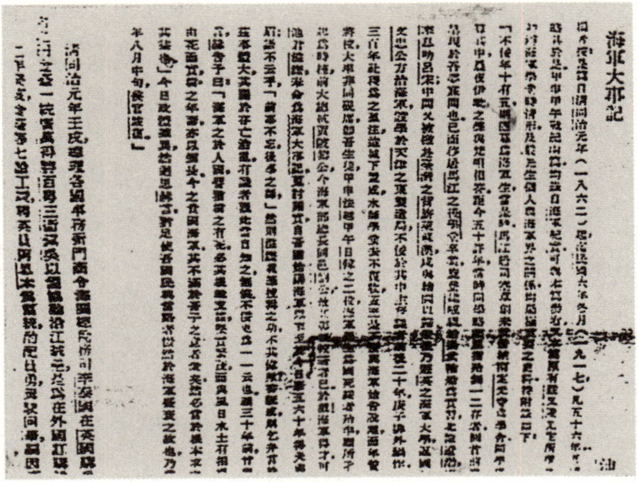

民国时期海军部编史处池中祐编纂出版了《海军大事记》，由总纂严复作序，提出了"方伯谦被诬以逃军军前正法，军中冤之"，肯定了方伯谦是被冤杀。《海军大事记》代表清末民初广大海军人士意见，他们中许多人参加了甲午海战。

《？》（为方伯谦鸣冤）的作者方念祖20世纪30年代初在《黄海潮报》上称方伯谦"出生入死，厥功甚伟，终遭谗人陷害，含冤地下"。方念祖为广东人。民国十一年（1922）曾任东三省航警学校教

《 ？ 》(为方伯谦鸣冤)	方念祖
三十年代初	《黄海潮报》

(称方伯谦)"出生入死，厥功甚伟，终遭谗人陷害，含冤地下。"

作者方念祖为广东人，民国十一年（1922年），曾任东三省航警学校教育长。后历任镇海、海圻、福安、肇和舰长。

091

育长。后历任"镇海""海圻""福安""肇和"号舰长。

民国海军在上海卢家湾吕班路海军联欢社内展出方伯谦的血衣,介绍说:"这套血衣是济远方管带在指挥台指挥督战中,被站在他身旁的大副沈寿昌的脑浆所粘的。""方伯谦管带在黄海海战中同样英勇善战,被日本第一游击队划出阵外后,一直与强敌4舰缠斗至战斗结束,炮毁人亡,船裂无法归队,为保船保人直航旅顺口。"

《甲午中国海军战绩考》的作者张荫麟,广东人,早年卒业于清华学堂,后赴美留学,归国后历任清华大学、西南联大、浙江大学教授。该文对方伯谦问题进行了全面的考订,得出了方系被陷害冤杀的结论。

民国海军总司令部档案《海军历届毕业同学录、海军各学校成立经过》(现存南京国家第二档案馆)中称:"萨镇冰……方伯谦等皆一时之俊彦。"

《清代通史》著者萧一山,江苏铜山人,19岁考入北大,后在清华执教。1932年先后赴英、德、法、日收集资料,1923年手撰《清代通史》上卷,1935年中卷刊行后经重写于1963年在台印行。其有关甲午海战部分由于作者对甲午战争素无研究,分不清对错真伪,所以多以姚锡光著作为蓝本并参以官书而成。

中华人民共和国诞生后,争论逐步走向高潮。

《中国近代史》的著者范文澜,浙江绍兴人,曾任北大、北师大教授,新中国成立后任中国科学院近代史研究所所长。长期从事《中国通史简编》的修订,是马克思主义历史学家。对丰岛海战虽无挂白旗记载,但述及方伯谦躲入舱内铁甲最厚处。对黄海海

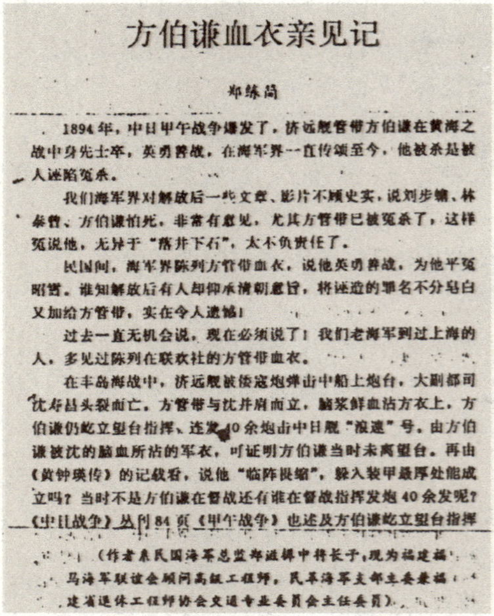

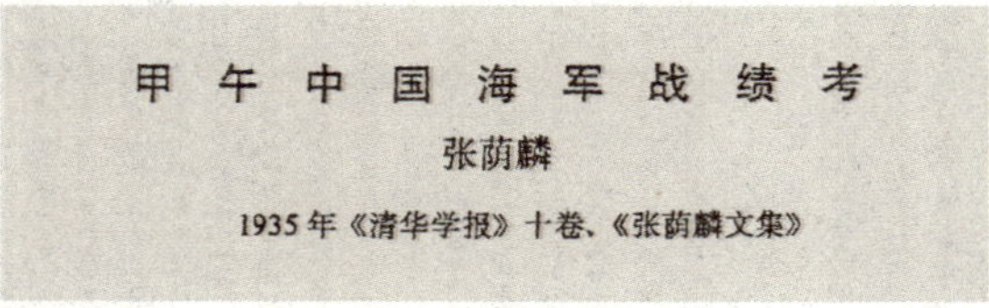

《甲午中国海军战绩考》书影

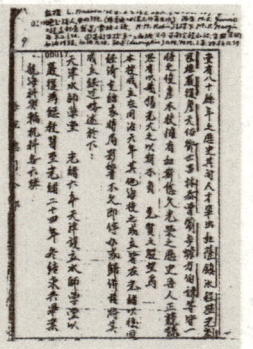

民国海军总司令部档案 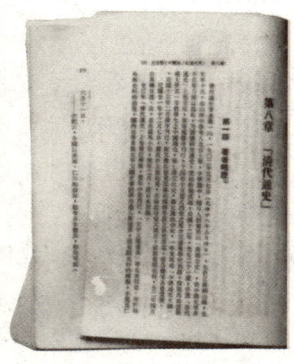 《清代通史》书影

第二章
甲午海战与方伯谦冤案

战抨击李鸿章最烈，但未提方伯谦其人其事。

中国史学会主编的《中日战争》（1957年，上海），是研究中日甲午战争不可多得、不可不读的好书。书中收集了日本军国主义者侵略中国的大量史料，也收集了中国人民进行正义的、英勇的反侵略斗争的史料，对有关方伯谦的资料正反兼收。

80年代出版的一些著作，几乎一边倒，对方伯谦持否定态度。由山东社科院研究员戚其章撰写的《北洋舰队》《甲午战争史》对方伯谦持全面的否定态度。

范氏《中国近代史》封面

《龙旗飘扬的舰队》的作者姜鸣是青年史学工作者。1994年出版《中国近代海军史事日志》（1860~1911），对方伯谦持否定态度，但认为方伯谦是替罪羊。

《中日甲午战争"济远"舰先逃和方伯谦问题》作者赵捷民为河北邢台师专副教授，是中华人民共和国成立后第一个为方伯谦鸣冤的学者。

《中日甲午战争"济远"舰先逃与方伯谦问题》
赵捷民　《新史学通讯》　1953年8期

赵捷民一论方伯谦冤案文章

1980年上海师范大学历史系教授季平子发表《丰岛海战》一文，对方伯谦实事求是地予以评价；次年戚其章发表《方伯谦被杀是一桩冤案吗？》，对季文提出意见，遂后季教授又发表了《论方伯谦被杀问题——答戚其章同志》一文，争论从此展开。

事隔三十多年后赵捷民教授再次发表论文，为方伯谦翻案。

1988年，福建师范大学历史系3位教授根据新发现的史料《卢氏甲午前后杂记》，由黄国盛教授（博士生导师）执笔撰写《方伯谦案新探》一文，引起了政界、史学界、海军界的重视，对方案的争论再度掀起高潮。

1991年9月，由福建省史学界、海军界等8个

丛刊《中日战争》书影

甲午海战流行观点派的代表著作

沧浪为我洗烟峰

参与争论的一些重要文章

第二章
甲午海战与方伯谦冤案

单位共同发起召开了"甲午海战中之方伯谦问题研讨会"。海峡两岸60多位专家、学者参加，提交论文数十篇，省政协副主席、林则徐五世孙凌青同志到会讲话，侨居美国的方伯谦侄孙女方俪祥亦赶回福州参加。在这次研讨会上，中国大百科全书出版社编审王琰宣读了长篇论文《大东沟海战与方伯谦冤案》，第一次提出了"黄海海战西战场作战说"，被中外学者认为是甲午战争研究突破性的进展。王琰的"西战场说"是对流行观点的最大挑战，是重新认识甲午海战和方伯谦问题的重要科学研究成果，彻底打破了甲午战争研究数十年执定成局的非正常局面，得到众多学者支持。

1991年7月，由上述联合召开研讨会的8个单位编印了《方伯谦问题研究资料汇编》，收集了有关原始资料和过去对方伯谦评价的正反两方面文章，发给被邀请的专家、学者。1993年7月出版了《方伯谦问题研讨集》，由凌青题写书名，收集了新撰论文40多篇，其中有8篇来自海外。该书由知识出版社出版。

《人民日报》《福建日报》及港澳地区和美国等国家的16种报纸报道了有关史学界召开研讨会和出版《方伯谦问题研讨集》的消息，还发表了26篇文章，正确评价了方伯谦。

《福建日报》发表了林谋荣、林伟功的《对历史负责——史学界重评甲午海战中的方伯谦纪实》，全面报道了研讨会的全过程和方伯谦疑案始末等，该文亦收入《方伯谦问题研讨集》。

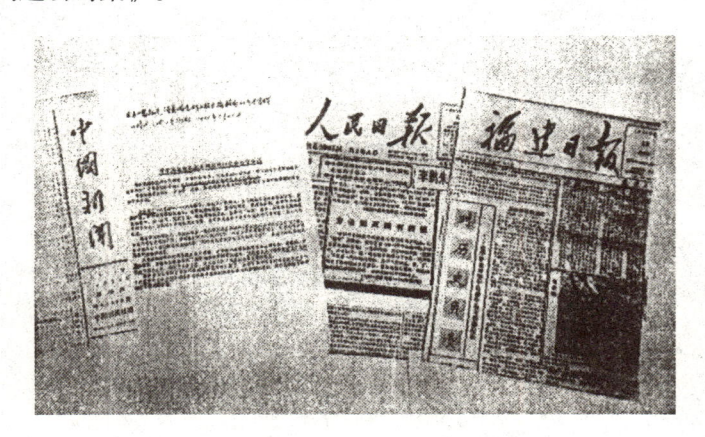

这是美国发行的华文《世界日报》1991年9月14日登载的有关研讨会的消息。

一些重要刊物刊登了海峡两岸著名人士研究方伯谦问题的论著，多数文章正确评价了方伯谦。

1993年8月，《方伯谦问题研讨集》首发式在福州举行，福建省政协秘书长刘贤儒致辞，中共福建省委统战部、民革、民盟的领导及专家学者、新闻界数十人参加了首发式。与会者即席发言，正确评价了方伯谦。

1993年9月，由知识出版社邀请在京的海军界、学术界知名人士参加《方伯谦问题研讨集》首发式。会议由知识出版社社长刘志荣主持，原福建省政协副主席、现全国政协外委会副主席凌青，民革中央名誉副主席贾亦斌，全国政协常委、民盟中央副主席吴修平出席了首发式。出席首发式的还有国防大学、总参政治部、海军军事学术研究所、军事科学院战略部、海军司令部编研室、《当代中国海军》编辑部、国家教委、中国社科院近代史研究所，以及人民大学、北师大历史系等单位的专家、教授。领导和专家们纷纷讲话庆贺《研讨集》的出版。

民革中央名誉副主席贾亦斌（左三）讲话
右一是福建师大历史系教授陈贞寿。

第二章
甲午海战与方伯谦冤案

左为郑昌淦教授。右为全国政协常委、民盟中央副主席吴修平。

参加北京首发式的来宾
左为海军司令部《近代中国海军》编辑部副主任卢如春，右为海军军事学术研究委员会委员杨志本。

中国人民大学历史系教授郑昌淦在会上发言说，他过去否定方伯谦，想法简单，并拿出他过去撰写的《中日甲午战争》一书说，"可以推翻""方伯谦没有投降"，也不能说是"逃军"，当时想法简单，强调拼搏，或壮烈牺牲……郑教授坚持真理，勇于公开修正错误的实事求是学风令与会者十分敬佩，报以经久不息的热烈掌声。

1994年纪念甲午战争一百周年威海国际研讨会第七会场集中讨论了方伯谦问题，肯定了福州研讨会的成果。原持不同意见的一方也认为方伯谦不是战场上的逃兵，而是一名有爱国心的爱国将领。

1994年9月，在威海召开的"甲午战争一百周年国际学术研讨会"上，方俪祥在大会上发言，为其伯公方伯谦鸣冤。

方俪祥在威海大会上发言

097

纪念甲午战争100周年学术研讨会述略

陈宇

由中国军事科学学会和海军军事学术研究委员会联合举办的"纪念甲午战争100周年学术研讨会",于1994年8月17日至18日在北京举行。中共中央政治局常委、中央军委副主席刘华清在会上做了重要讲话,中央军委副主席张震出席了会议。刘华清、张震分别为纪念甲午战争100周年题词。刘华清的题词是"祭甲午百年,兴爱国精神",张震的题词是:"弘扬甲午爱国精神,增强现代海防意识"。海军总司令张连忠致开幕词。出席研讨会开幕式的有解放军三总部领导、中国军事科学学会高级顾问,以及二炮、国防大学的领导同志,军内外的60余名专家、学者及海军机关、院校、部队的代表出席了研讨会。中国史学会会长戴逸等9名代表在大会上发言,20余名代表在分组会议上发言。

由中国军事科学学会和海军军事学术研究委员会联合举办的"纪念甲午战争100周年学术研讨会",于1994年8月在京举行。中央军委领导及解放军三总部领导和军内外有关专家、学者60余人参加,海军司令张连忠致开幕词。研讨会评价方伯谦不是逃兵,是一位有爱国心的近代海军人才。

(台湾)海军中将林濂藩的力作《中日甲午海战百年祭》在关于丰岛、大东沟两次海战的叙述中肯定了方伯谦的战绩,正确评价了方伯谦。林濂藩参加威海国际学术研讨会的论文题目是《为甲午海战北洋舰队之战迹纪述作考证》。林将军系马尾海军学校航海班第6届毕业。

《近代中国海军》对方伯谦在海战中的叙述实事求是。

《甲午战争启示录》的编者认为方伯谦不是逃兵,而是一名有爱国心的海军将领。这个观点已经成为多数人的共识。

(台湾)海军少将郑天杰、赵梅卿合著的《中日甲午海战与李鸿章》一书第十七章专述李鸿章诿过方伯谦。该书1979年在台湾出版,书中澄清了许多诬陷方伯谦的问题。

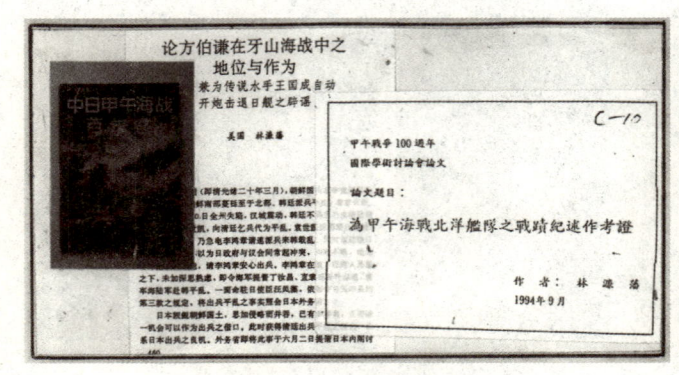

《中日甲午海战百年祭》书影

《甲午战争启示录》与《近代中国海军》书影

第二章
甲午海战与方伯谦冤案

1996年6月12日，由中国甲午中日黄海海战纪念馆筹建办与福州中国海军史研究会筹备会联合组织"中国甲午中日黄海海战座谈会"。与会代表提出应尊重历史真实，体现民族风格，体现爱国主义、英雄主义等宝贵意见，也对方伯谦等历史人物进行了正确评价。

海军原上海基地副司令、海军工程学院副院长、海军少将阎道彰在论文《对大东沟海战结局的探讨》中指出：在大东沟海战中，方伯谦起到了重要的战斗作用，我认为显而易见的是他在海战的全过程中，牵制了"吉野"编队，特别在"致远""经远"沉没后，他单舰抗击"吉野"编队，从而减轻了敌舰队对"定远""镇远"主力舰的压力。

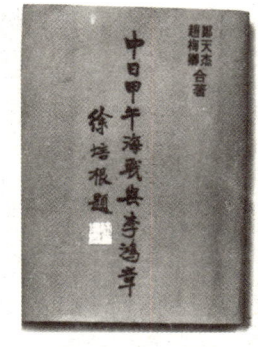

《中日甲午海战与李鸿章》封面
作者郑天杰系马尾海军学校航海班第三届毕业，赵梅卿系同校第二届毕业，现均侨居美国。

黄海海战座谈会会场一角

参加座谈会的海军老前辈
（自左至右）王维福，东海舰队训练基地顾问；阎道彰，原海军上海基地副司令员、海军工程学院副院长；马云伦，原海军旅顺、舟山基地司令；右一为王彦，海军学院研究员；右二为韩琦，原海军福建基地司令部《福建海防史》主笔；右三为本书作者陈贞寿教授。

会议中阎道彰（左）、王维福交流探讨（右）

海军东海舰队训练基地顾问、海军战斗英雄王维福在论文《对济远舰两名水手射击的异议》中指出：舰炮射击是全舰性的战斗行动；必须由舰长组织航海、通信、轮机部门的协同配合……必须有炮长一名，负责协调各炮手的战斗操作，要保证完成射击任务，还必须有方向旋回瞄准手、高低俯仰瞄准手、表尺距离装定手、炮闩手、装弹手5~6名，此外还要若干名运弹手。……没有舰长、枪炮长的命令，不可能由两名水手来替代炮手班进行射击。

原海军旅顺、舟山基地司令马云伦在会上评论方伯谦的"战前条陈"说：没有清醒的头脑，没有对当时敌我双方政治、军事形势的正确分析判断，没有全局在胸的高度爱国主义精神与战备观念，是不可能提出这样好的建议的。……方伯谦不愧为北洋水师中一员具有文韬武略的爱国将领。

三、对方伯谦冤案达成了普遍共识

根据新史料的发现和不断讨论，学术界已达成了普遍共识，这就是陷害方伯谦的三项罪名全部出于捏造。

光绪二十年八月二十三日，以丁汝昌名义向李鸿章报告黄海海战经过的电文提出方伯谦的罪名有三：1. 首先逃跑；2. 将队伍牵乱；3. 撞坏"扬威"号。

（一）足以否定"济远"舰"首先逃跑"的史料及论述

1895年刊行的《冤海述闻》次年被王炳耀的《中日战辑》收录，此后诸多出版物均陆续转载。其中《中日战争》（六）记载："济远""来远""经远"亦被围着火，……"广甲"则已遁逃出围矣。……"广甲"自午开仗，约一点钟时，即离队，夜十一点钟至大连湾三山岛外，……触石进水。

80年代发现的《卢氏甲午前后杂记》，"广甲"管轮卢毓英撰。《杂记》载：超、扬既火，"广甲"尤胆落，急反棹而逃……济远当敌之冲，迎击既久，炮多炸裂倾倒，无以应敌，于是亦逃。这是亲身经历战阵者说自己舰先逃的证据。

据（日本）《日清海战史》图二，"广甲"已先离战场，图三"济远"尚在战场，而"广甲"已不在，亦可证明"济远"确不是先离战场者，先离战场者"广甲"也（"扬威"、"超勇"暂不计）。

张荫麟《甲午中国海军战绩考》云：是役也，"扬威"实最先离阵，而奏报讳言之，因欲成方氏"首先驶逃"之罪也，奏报又谓"扬威"为"济远"触坏后驶出，至浅水而沉，一若"济远"退时，"扬威"尚在战场中者，实则即使奏报所言，"济远"逃在"致远"甫沉之后，时已三时三十分，距开战已两小时半，而"扬威"之退，实在开战之初，此时安得与"济远"在阵地相撞？

第二章 甲午海战与方伯谦冤案

《中国历代战争史》记载:"济远"与"广甲"之战绩,传说大异其辞,李鸿章之奏报谓"济远"先逃,"广甲"继退,"济远"舰长方伯谦且于战后一周正法。然据"济远"中洋员哈富门之报告,则谓该舰诸炮因继续发射过久受损,其机械不能运动,方管带始命退出云。日本海战阵势图,亦谓"济远"之退在"经远"沉没之后。按鸿章之报告,系以刘步蟾之陈述为根据(战后丁汝昌因病养伤,刘代提督),刘之有意陷害方氏,殆无可疑。是役"扬威"实首先离阵,而奏报讳言之,因欲成方氏首先驶逃之罚。

日游击队拂清军右翼时,"扬威"首当其冲,中弹起火,旋驶出战线外,至海洋岛附近,陷焉,管带林履中蹈海死。

是役"扬威"实首先离阵,而奏报讳言之,因欲成方氏首先驶逃之罚,奏报中又谓"扬威"为"济远"触坏后驶出,至浅海而沉没,尤为荒谬不确。

林濂藩《中日甲午海战百年祭》载:"济远"在日本先锋队被召回的同时,自行离开战场返回,确系事实,但它并不是未战先回,也不是不战而回,自当日12时50分始,直至3时30分致远……被击中沉没为止……"济远"始终都在阵中;与敌浴血奋战,未曾稍懈。在鏖战中,"济远"中炮70余处,官兵死亡7人、伤者14人,战况惨烈,船头受伤漏水,炮械损坏,无力再战。若论退离战场之先后,则"济远"绝非最先,最先退离者,应是"超勇"和"扬威"。

程伟国《百年冤案今评说》记载:李鸿章为刘步蟾所拟电报所欺骗,认为是"济远"首先逃离,因此一开始曾为"致远"管带邓世昌……以及"扬威"管带林履中请恤。后来在方伯谦被杀之后,当他了解到"扬威"首先逃走的事实后,就去除了林履中和"扬威"舰官兵,只为邓世昌、林永升、黄建勋和"致远""经远""超勇"3舰官兵请恤,甚至还请求处分"扬威"帮带大副郑文超,由此可见首先逃走的不是激战3小时之久的"济远",而是"扬威"。其次,在"济远"和"广甲"两舰中又是谁首先逃走的呢?《中东战纪

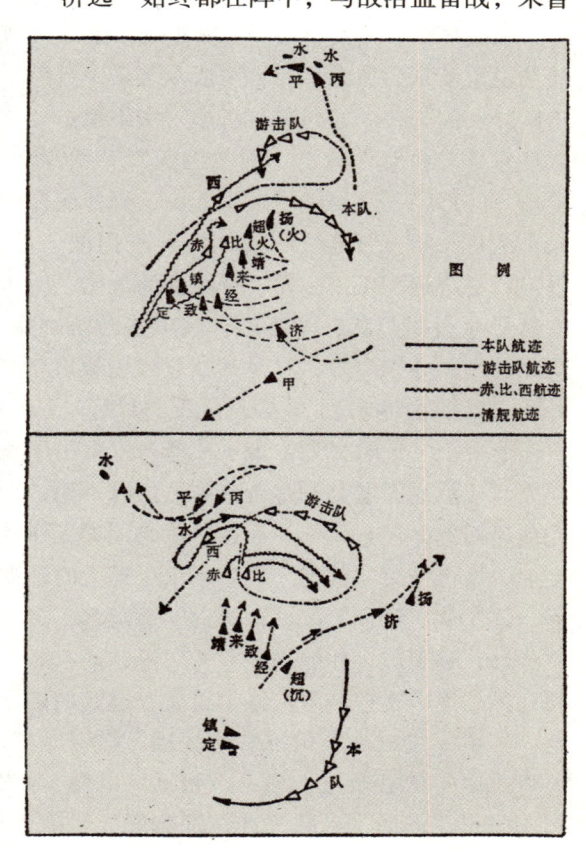

本末》记载："广甲"因先逃之故，驶进大连湾浅滩，遂自行毁失。《卢氏甲午前后杂记》中更有详细记载，可见"广甲"先于济远而逃，"广甲"未中一弹而"济远"伤痕累累是有力的佐证。而且从退出战场的原因和性质来看，"济远"和"广甲"有着本质的不同，方伯谦并非临阵脱逃，更不存在"济远"首先退避、"广甲"随逃的问题。

郑天杰、赵梅卿《中日甲午海战与李鸿章》载：战报发于二十三日，距十八日作战已有五天，既所谓难以分清、逐细查明，又怎能妄断方伯谦首先逃回，而"扬威"……又为"济远"拦腰碰坏等，均非事实。又载：查所谓丁汝昌战报有"济远"首先退避……"广甲"随逃之语，其实，"广甲"已先离队，且未受伤，"广甲"速度较"济远"为慢，其搁浅在大连湾外三山岛之时间乃在"济远"抵旅顺之前，可为真正先离队之确证，三山岛距旅顺约27海里，"广甲"搁浅三山岛之时间较"济远"到达旅顺之时间早3~5小时。

观战的英水师提督亦认为"广甲"先逃。

英水师提督斐利曼特尔（《中日战争》七）说："广甲"因先逃之故驶近大连湾浅滩遂自行毁失。斐军门指"广甲"而不及"济远"，知方伯谦之罪尚可从末减也。

林濂藩将军是最早接受和高度评价王琰"黄海海战西战场作战说"的学者。他据西战场说重新认识黄海海战，写成专著《中日甲午海战百年祭》，该书载：16时日第一游击队分头向……"经远""济远"实施追击。"经远"往东，日"吉野""高千穗"追之往东；"济远"往西，日"浪速""秋津洲"两舰追之西去，"吉野""高千穗"夹击"经远"，"经远"舰中起火，舰体向左倾斜，至16时40分沉没，……迨"经远"被击沉后，"高千穗""吉野"转舵回航，加入"浪速""秋津洲"行列，共击"济远"，"济远"以一敌四，处境甚为危殆，所幸为时甚暂，日先锋队即被日本联合舰队本队号令召回归队，"济远"之威胁乃获解除，故终黄海之战，"济远"始终在战，既无逃遁，亦未离阵，只是其作战战场被迫与主战场隔离、不在一处而已，旋即返回旅顺，于翌晨丑刻抵达。（经远沉没的时间：下午4时40分之后）

季平子《论陷害方伯谦三项罪名全部出于捏造》云："济远"系因船炮在战斗中受损无以应敌而撤退，则是否首先，可以不论，因为它既是受损伤无以应敌而退，不论它先他船而退，还是后他船而退，都是同样无罪的，……那个捏造"济远"首先逃跑的电文……竟可作为"首先"二字系出于捏造的证据。该电文把所有事件的时间一概略去不提，首先从"致远"沉，"济远"逃写起，只有略去所有时间，才可以从"致远"沉，"济远"逃写起，才能加"首先"逃跑的罪名于方伯谦，可见电文中略去所有事件的时间，正是该电文捏造方伯谦"首先"逃跑的证据。同书又载：仔细阅读《杂记》全文，把"广甲"逃时战场情况和"济远"撤退时战场情况相对照就可以断定谁先谁后了。《卢氏甲午前后杂记》说："致远"既覆，超、扬起火，"广甲"尤胆落，急反棹而逃。……"济远"当敌之冲，迎击既久，炮多炸裂倾倒，无以应敌，于是亦逃，斯时

第二章
甲午海战与方伯谦冤案

也,超、扬已沉,"经远"管带林钟卿阵亡,其将弁已阵亡殆尽,遂退于山边,在队者仅镇、定、靖、平四艘。"广甲"逃跑时"超勇"尚在着火,"济远"撤退时"超勇"已沉没,谁先谁后,这个记载最清楚不过了,"济远"撤退时,"经远"已退山边,"平远"仍在作战,可谓方伯谦所谓余船包括"平远",不包括"经远"。

孙克复《方伯谦被杀案考析》中说:……丁汝昌"济远"首先逃避、"广甲"随逃的电禀,是符合事实的。"广甲"退逃于下午一点多钟,触礁于当夜11时(子刻)许,从退逃到触礁历10余小时,考海战战场距旅顺口约130海里,"广甲"触礁地点距旅顺口17海里,从战场至触礁地点相距103海里,以时速13海里计算,则10余小时必到达旅顺口,不会在子刻(午夜11时至1时)方驶至大连湾外,相反,只有"广甲"于3时30分后随"济远"退逃,行至三山岛约需8小时,因而于子刻触礁,在这个时间上方为合理。

(注:"广甲"触礁地点距旅顺口应是27海里,非是17海里。从战场至触礁地点相距103海里,以13海里时速计,需8个多小时,则11时减去8个多小时,约近下午3时前,"济远"是3时30分"致远"沉后退离,则"广甲"似应比"济远"早离。)

王琰《大东沟海战与方伯谦冤案》中说:《北洋舰队·黄海海战》可称得上是篇奇文,作者说"致远"于下午3时沉没,"济远"惧而逃走,"广甲"随逃,日本第一游击队尾追不舍,终因相距过远而折回。第一游击队既在下午3时以后追击"济远",又是"尾追不舍",又怎么能在下午3时以前折回来,越过"定远""镇远"去攻击"经远",并在下午3时把它击沉呢?作者描述的海战经过在时间上明显出现了混乱和矛盾,这是由于不真实所致。

《中日历代战争史》中说:日本海战阵势图,亦谓"济远"之退在"经远"沉没之后。

季平子《论陷害方伯谦三项罪名全部出于捏造》中说:"济远"于"致远"沉(下午3时30分)后撤离战场,……从战场至旅顺约130海里,"济远"原航速为每小时15海里,实际航速为12.5海里(原注是据戚其章《方伯谦被杀是一桩冤案?》,并指出该文计算错误为十一个多小时)。时速为12.5海里的"济远",航行130海里需10.4小时,即10小时又24分,从十九日上午2时"济远"到达旅顺(按龚照玙报告"丑时到旅"计算,不按《冤海述闻》等书"四点二刻"到旅计算),上推10小时24分,为十八日下午3时36分,这便是"济远"撤离战场的时间。

按:"济远"丑刻回旅,大队卯刻回旅,丑刻系1~3时,卯刻系5~7时,其相距时间最短2小时(即"济远"3时回,大队5时回),其相距最长时间为6小时(即"济远"1时回,大队7时回)。其他相距3、4、5小时亦在丑

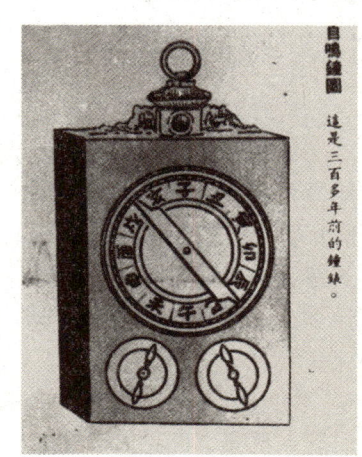

刻与卯刻范围内均可，但此均主观推测，都不符事实。只有《冤海述闻》记载4点2刻到旅顺。

戚其章《甲午战争史》载：下午五时许，"靖远""来远"修竣归队……都恢复了战斗力……叶祖珪代替旗舰升起收队旗，于是，"来远""平远""广丙"……也出港会合……"定远""镇远"……又有诸舰复来助战，北洋舰队的声势益振。

到下午五点半，日本舰队各舰多已受伤，无力再战。伊东祐亨见北洋舰队集合各舰……遂发出停止战斗的信号。但是，他又不等第一游击队驶来会合，便下令向南驶逃。北洋舰队定、镇、靖、来、平、丙六舰……鱼贯东行，尾追数海里……便转舵驶向旅顺。……直到下午六点第一游击队才赶上本队。

（1. 此时与"定远""镇远"作战的是日本本队各舰。2. 不等第一游击队驶来会合，便下令向南驶逃，可见此时第一游击队不和本队在一起与定、镇交战。3. 这时定、镇、靖、来、平、丙等舰都在战场，第一游击队则与何舰交战？超、扬、致、经早已沉没，由此推断第一游击队只能在追赶"济远"，所以不在主战场。）

另据日本海军有终会编《近世帝国海军史要》载：日暮渐薄，伊东司令长官命令第一游击队与主队会合，追击逃敌的第一游击队是在击沉"经远"号之后又继续追击残敌时收到与主队会合的命令的。由此可知，第一游击队是在击沉"经远"号之后又继续追击残敌，这个残敌显然是"济远"无疑，因为没有其他清舰了。王琰21年前建立的"西战场说"在史料支持和逻辑论证上都是不可撼动的。方伯谦一案系功臣被冤杀则无可疑议。

《冤海述闻》记述：按是役，战阅三时，"定远""镇远"两船共中大小弹二百余处，阵亡共十余人；"靖远"中弹数十处，阵亡二人；来远中弹百余处……阵亡十余人；"平远"中弹二十余处，"广丙"中弹数处；"济远"中弹七十余处，阵亡七人、伤者十三人，炮械全坏，以被倭船4艘截击，不得与各船会队，以夜四点二刻到旅顺，各船6点钟亦到，相隔仅片时也。

（二）足以否定"牵乱队伍"的史料、论述

《冤海述闻》载：……督船仅于开仗时升一旗令，此后遂无号令……督旗不升，各船耳目无所系属，督船忽左忽右亦无旗令，而阵势益散漫……《卢氏甲午前后杂记》载：督船旗帜为全军耳目所关，督旗一折，全军尽乱，耳目尽失，彼此不能相顾，各军其军，毫无纪律。《日清海战史》载："支那舰队块团相簇集……既无序列，又无一定计划，而并无指挥……'定远'之前樯击断，而不得揭信号，各舰遂得各自运动，而纪律荡然。"

《中国近代战争史》记载：清旗舰仅于开仗升一旗令，此后遂无号令，因最初半小时炮火丛集，已悉毁清舰上樯桅及绳索，信号无从悬出，即帅旗亦被击落，此后遂不复

第二章 甲午海战与方伯谦冤案

升,待日舰队本队绕至背后时,清军阵列始乱,此后即不能复整。

孙克复《方伯谦被杀案考析》记载:北洋舰队队伍从午后2时起即开始混乱,至3时顷混乱益甚,但"济远"退避是在3时30分致远沉没后,这时北洋舰队船伍早已混乱,因此所谓"济远"退避、将船伍牵乱是莫须有的,是不能成立的。

《日清海战史》又载:"方其战时,支那舰队浮沉于汪洋巨漫中,若离若合,一似全无纪律者。""定远"始因射断前樯信号桁,不得发信号,以至于败。

(三)足以否定"济远""撞坏扬威"的史料、论述

《中日甲午海战与李鸿章》记载:说"扬威"已搁浅,而"济远"撞之,不知系何所据?查"济远"吨位为2300吨、吃水15英尺又8英寸,而"扬威"吨位1350吨、吃水未详,但必较"济远"为浅,"扬威"既已搁浅,比扬威大一倍的"济远"又如何能于"扬威"搁浅而不能动之处撞及之?其后又能不搁浅而飞遁?显于事实不符。

《中日甲午海战百年祭》记载:"扬威"起火焚烧,即离阵驶往大鹿岛待援,其时间约为当日下午1时至2时……"济远"脱离战场,驶向旅顺时,其航向应向西南转西,故无论如何不可能在大鹿岛附近与"扬威"相撞……"济远"排水量为2300吨,"扬威"为1350吨,"济远"舰重较"扬威"多达一倍,其吃水亦较"扬威"为深,如果"扬威"当时已是搁浅,则吃水较深之"济远"舰,如何能够驶向"扬威"并予以撞毁?因此此一罪名,只是无中生有妄加罗织之罪名,不足以服众。

孙克复《方伯谦被杀案考析》记载:时间上矛盾,"扬威"离开阵列为1时20~30分左右,而"济远"舰却是在3时30分"致远"舰沉没后离战场的,距"扬威"离开战场时间已达两小时之久,两舰又何能在战场深水处相撞?"扬威"搁浅地点为东经120°40′9″、北纬39°39′处,此位置在战场的西北大鹿岛附近,"济远"的逃避方向则是战场西南的旅顺口,两舰相反距离遥远,安能相撞?……"济远"排水量几乎是"扬威"的一倍(应为二倍,作者订正),吃水也较"扬威"深得多,不待撞及"扬威",本身就已搁浅,焉有吨位小、吃水浅的船搁浅,而吨位大,吃水深的船不仅没有搁浅,反而在撞坏吨位小的船之后,转舵离浅飞驶而去之理?

四、外国人如何评价方伯谦

（一）济远舰洋员哈富门述其身历所见情形

"此是吾所能梦想中最猛烈之战事，方管带勇敢而能干地指挥济远作战。舰上已阵亡七八人，我们尽力所及地持续快速炮击，直至下午二三时，其时舰上员弁受伤惨重，必须脱离战场，我们舰尾十七生克虏伯大炮被击坏，舰首两炮钢环齿轮亦被击毁致不能再运用，事实上济远已无可战，方管带乃决定脱离战场……我从不能想象那些说方管带系惧逃的谣言能得到支持。方氏指挥济远作战一直至战无可战。"（见John L.Rawlinsor：《中国发展海军的奋斗 1839~1895》）

哈富门（Hoffmann，德国工程师）报告：……方氏于丰岛及黄海两役中，可称尽职。（见《中倭战守始末记》）

（二）关于方伯谦之中日人员对话

……乙未（正月）十八日，遣广丙管带程璧光乘坐镇北小舰，高揭白徽，直造提督伊东祐亨坐船，投递降书。……伊东略与寒暄，因问："牙山之役，方伯谦甚谙海战，何故杀之？"曰："上命也，丁公殊不愿。"（《中东战纪本末》）

联合舰队司令伊东祐亨 海军中将

五、新中国学界为方伯谦平反

（一）张爱萍将军题赠二匾，许多海军重要将领出席揭匾仪式

原国务院副总理、国防部长张爱萍将军题赠"方伯谦故居""海军世家"两匾，1997年9月25日由福建省鼓楼区人民政府、市文物管理局、省文物管理委员会办公室等单位隆重举行了揭匾典礼。

海军工程学院原政委邓培将军受张爱萍将军委托为"方伯谦故居"和"海军世家"两匾揭匾并致辞，参加揭匾仪式的有中国人民解放军军事科学院、海军司令部、海军指挥学院、海军工程学院、福州军区和南昌陆军学院等单位的将领、领导16人，还有政界、学术界、新闻界来宾100余人。

（二）建立"海军世家纪念馆"

方伯谦故居大门上悬前国务院副总理、国务委员、国防部长张爱萍将军题赠之"方伯谦故居"匾，二进厅上悬"海军世家"匾。二进厅左右悬挂方家世代参加海军的10人事迹照片。

第二章
甲午海战与方伯谦冤案

参加方伯谦故居揭匾典礼的张序三将军（中）

海军中将，人大常委，中国人民解放军军事科学院原政委，曾任海军副司令员兼海军参谋长。

《甲午海将方伯谦》一书首发式

王宜林著《甲午海将方伯谦》一书，于1997年9月25日在福建省福州市举行首发式。中国人民解放军军事科学院原政委、全国人大八届常委张序三将军到会并讲话。

《甲午海将方伯谦》封面

军内研究员王宜林著，海潮（原海军）出版社出版。王研究员著有许多有关海军的书，如《啊！第六舰队》《炮击金门》《目标——一江山岛》等。

首发式后张序三将军接见方伯谦嫡孙、高级工程师方镛（右）

南京海军军事学院原院长、海军中将、军事学教授李鼎文（右）亲切接见方镛

张爱萍上将的代表邓培政委亲切接见方镛（左）

107

沧浪为我洗烟峰

方镛陪同张序三（中）、李鼎文（右）两将军参观方伯谦故居

参加揭匾典礼的来宾

邓培将军致辞

方伯谦（1854~1894）
字益堂，船政驾驶班第一届毕业，中国首批留欧生，毕业于英国皇家海军学院。历任船政学堂教习，镇西、镇北、威远、济远等舰管带，官至北洋水师总兵衔副将，恩赏捷勇巴图鲁名号。

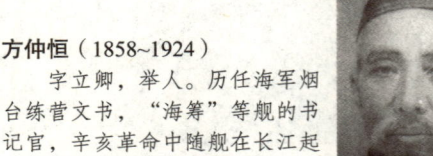

方仲恒（1858~1924）
字立卿，举人。历任海军烟台练营文书，"海筹"等舰的书记官，辛亥革命中随舰在长江起义。退休后在家乡行医济世。系方伯谦之二弟。

（三）刘公岛凭吊"济远"舰打捞遗物

甲午战争失败，"济远"舰被俘，编入日本海军服役。1904年参与日俄战争，是年冬在旅顺口触雷沉没。1985年经国家文物局批准，烟台救捞局和江苏海洋工程公司分别于1986年、1988年对该沉舰进行打捞，并将出水文物移交刘公岛甲午战争博物馆保护管理。笔者于1993年9月在北京首发式后被邀陪同美籍华人方俪祥等赴刘公岛凭吊"济远"舰遗物。

第二章
甲午海战与方伯谦冤案

方伯谦故居二进厅

方椿（1882~1945）

字幼立，方仲恒之次子，参加海军后在舰艇上服役，曾任"江元"舰书记官。系方伯谦之侄。

方沅（1883~1959）

字幼西，北京大学毕业后，历佐陈季良、李世甲等海军将领，从事军需后勤工作，授海军少校军衔。1919年冬，中国4舰被围俄境庙街，发生中日案件，方沅时任"利捷"舰书记官，与副舰长陈拔合撰《庙街事件记》，是事件的见证人之一。系方伯谦之侄。

方均（1897~1976）

字希平，烟台海校（后并入吴淞海校）第十三届毕业。历任吴淞海军巡防处、海军总司令部参谋，东沙岛海军观象台台长、海军厦门要塞司令部参谋，海军少校。抗日战争时期先参加海军布雷队作战，后任武夷山测候所所长。系方伯谦之侄。

方莹（1889~1965）

字锈若，仲恒第三子。吴淞商船学校第一届毕业。历任"建威"舰枪炮官，"普安"舰上尉航海官，"海鹄"炮艇艇长，"应瑞"舰少校副长，"定安""楚有""自强"舰中校舰长，"宁海"号轻巡洋舰上校舰长等职。1936年调任海军引水传习所上校所长。七七事变后任海军宜巴要塞第一总台总台长、第一舰队司令。战后任（上海）海军第一基地、海军第一军区司令。起义后任华东军区海军第六舰队副司令员、海军干部轮训班副主任并兼华东海军司令部航海业务长及海军联合学校专科主任、海军研究委员会副主任。1963年离休回福州，任省政协委员、省府参事等职。系方伯谦之侄。

方鉴（1899~1988）

字少冶，方仲恒之子。福州格致书院毕业后，入上海技术专门学校学习。历任海军上海海防处电台、福建海军陆战队一旅通讯处、海军"江贞"舰电讯官、所长等职。

方振（1921~）

马尾海军学校航海第九届毕业。参加海军布雷队抗日，抗战胜利后任上海海军接舰处参谋，后赴美国接舰，历任"太和""峨眉""永胜"等舰副舰长、舰长，海军上校。退役后任金山商船公司船长，香港驻埠总经理等职。系方伯谦之侄孙。

109

方旋（1924~）

原名祥年，马尾勤工学校（前身福州海军艺术学校）毕业。1948年入湖口海军水中武器厂任职，后随军赴台，供职台湾海军总部航政署、海军第三造船厂少校工程师，不久晋升为海军中校。系方伯谦之侄孙。

方永年（1926~）

抗日战争时期，在福州格致中学读书，随校迁永泰县，愤于日寇暴行，投笔从军，奔赴抗日第一线。抗日胜利后，参加海军炮艇队，随军赴台，调任海军总部计划官，海军中校。系方伯谦之侄孙。

张爱萍将军为方伯谦一门三代海军尽忠祖国题词

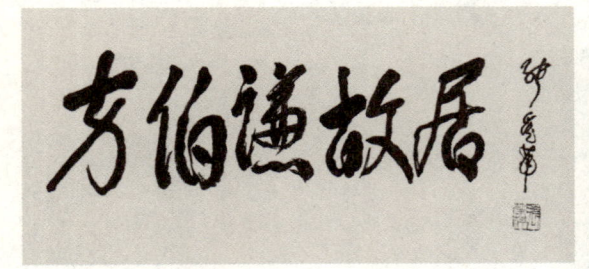

张爱萍将军为方伯谦故居正门题额

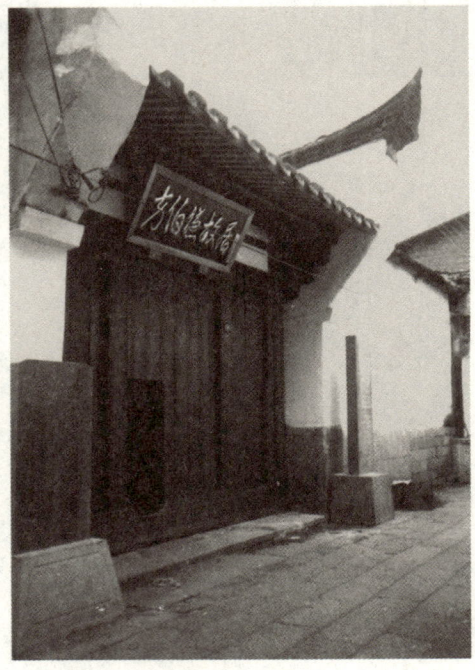

高悬张爱萍将军题额的故居大门

福州市鼓楼区人民政府于1996年10月将方伯谦故居定为区级文物保护单位，不久又定为市级文物保护单位。

由海军航空工程学院苏小东教授、威海卫海军基地两名少校干事陪同作者和方俪祥乘海军舰艇赴刘公岛

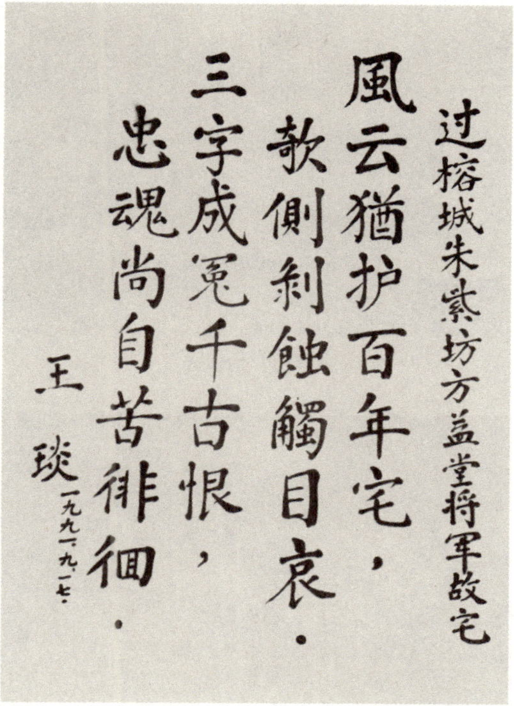

第二章
甲午海战与方伯谦冤案

过榕城朱紫坊方益堂将军故宅

風雲猶護百年宅，
欹側剝蝕觸目哀。
三字成冤千古恨，
忠魂尚自苦徘徊。

王琰 一九九一・七

1991年9月正式提出"甲午海战西战场作战说"的王琰访问方伯谦故居时当场题赠七绝一首。后由方俪祥女士亲书悬挂于"海军世家纪念馆"方伯谦卧室。

海疆馳騁十好漢軍威赫赫
敢膽寒世代方門出英烈
家風忠義後人傳

新中国海军界、政界、学术界为方伯谦平反后，其故居"海军世家纪念馆"参观者络绎不绝，诗人作诗，书法家题字，这是鞍山市历史学会理事郑守正作诗、辽宁省书法家云翔书题的条幅。

方女士一行受到威海海军领导人和博物馆馆长戚俊杰欢迎并合影留念。

"济远"舰210毫米海军炮

"济远"舰双联装前主炮，炮身长7.04米，约重20吨。前立者为"济远"管带方伯谦之嫡孙方镛高级工程师。

沧浪为我洗烟烽

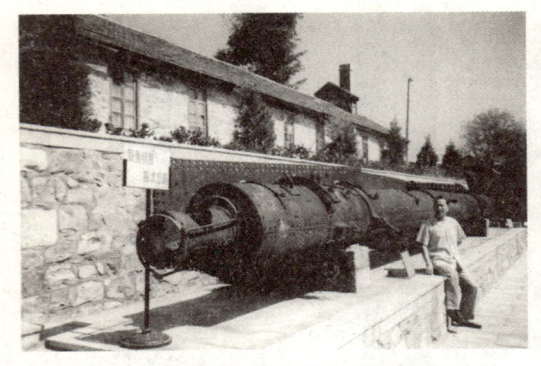

从旅顺羊头洼海域打捞出水的"济远"舰主炮

"济远"舰遗物

克虏伯150毫米海军炮
　　重创"吉野"号的济远后主炮，现存旅顺博物馆。

《历史研究》杂志社近代史室主编张亦工与方伯谦嫡孙方镛在刘公岛博物馆门前合影

第三章 重建海军、辛亥革命中的船政毕业生

第一节 甲午战后船政毕业生任职情况

一、开复被革职的北洋海军原官

直隶总督兼北洋大臣袁世凯认为水师人才最为难得,上疏奏请开复被革职处分的原北洋海军将佐,并力荐萨镇冰等人任海军要职,开复原官船政出身的有蓝建枢、何品璋、程璧光、林文彬、林颖启、李鼎新、李和等人。

袁世凯

萨镇冰（1859~1952）

甲午战后被罢职，后任吴淞炮台总台长。光绪二十五年三月慈禧太后召见，著赏加总兵衔并授为北洋水师帮统领，后任统领、广东水师提督、总理南北洋海军等职，主持重建海军工作。

叶祖珪（1852~1905）

甲午战后被罢职，光绪二十五年（1899）慈禧太后召见，著开复革职处分，并赏加提督衔，授北洋水师统领，后任总理南北洋海军，主持重建海军工作，1905年卒于上海军次，诰授"振威将军"。

二、在1909年7月设立的筹办海军事务处任职的船政毕业生

赴欧考察团与外国政要合影

前左二为海军大臣载洵、二排左二为萨镇冰，萨后为程璧光。

筹备海军大臣、海军提督萨镇冰

（船政驾驶班二届毕业）

随海军大臣赴欧考察的船政出身的海军官员

海军大臣贝勒载洵（中）、萨镇冰（右三，船政驾驶班二届）、吴应科（右二，船政驾驶班六届）、徐振鹏（左二，船政驾驶班八届）、郑清廉（左一，船政制造班一届）。

第三章
重建海军、辛亥革命中的船政毕业生

在日本参观船厂时与日本军界要员合影

前左六萨镇冰、左七载洵、左三曹汝英、左十一郑汝成,船政出身的有吴应科、郑清廉、徐振鹏。

三、船政毕业生奉派监造外订舰船

时间	船名	国家	人员	船政毕业届别
光绪二十二年 (1896)	"海天""海圻"	英	程璧光	船政驾驶班五届
			林国祥	船政驾驶班一届
			卢守孟	船政制造班三届
			黎弼良	船政管轮班二届
			谭学衡	黄埔驾驶班一届
			陈德培	天津管轮班一届
光绪二十三年 (1897)	"海容""海筹""海琛"	德	曾宗瀛	船政制造班二届
			林鸣埙	船政制造班二届,在洋病故
宣统二年 (1910)	"肇和"	英	林葆怿	船政后学堂驾驶班九届
	"应瑞"		李和	船政后学堂驾驶班一届
			黎弼良	船政后学堂管轮班二届
	"永丰""永翔"	日	李国堉	船政驾驶班七届
			郑贞溎	天津管轮班五届
			曾瑞祺	船政驾驶班九届
			黄显宗(章)	船政管轮班二届

注:其他非船政出身的监制人员未列入。

在此之前，清廷先向德国订购"飞鹰"鱼雷快艇驱逐舰，但未派员监造，"飞鹰"舰于1895年完工，来华后船政出身的刘冠雄曾任舰长，辛亥革命时的管带为林颂庄，亦船政出身。

"海天"号

由船政出身的程璧光、林国祥、卢守孟、黎弼良等在英国阿摩士庄厂监造的巡洋舰，来华后由刘冠雄（船政驾驶班四届）任管带。

"飞鹰"号

"飞鹰"鱼雷快艇驱逐舰（后称驱逐舰）是中国海军中唯一有4烟筒的舰艇，航速22节。

"海筹"号

由船政出身的曾宗瀛、林鸣埙在德国伏尔铿厂监造的巡洋舰。来华后，黄钟瑛（船政驾驶班十一届）曾任管带，陈训泳（船政驾驶班十六届）曾任副长。

"海圻"号

由船政出身的程璧光、林国祥、卢守孟、黎弼良及谭学衡、陈德培在英国阿摩士庄厂监造的巡洋舰，来华后首任管带为萨镇冰（船政驾驶班二届），继任的有汤廷光等人。

第三章
重建海军、辛亥革命中的船政毕业生

"海容"号
由船政出身的曾宗瀛、林鸣埙在德国伏尔铿厂监造的巡洋舰。

"永翔"号
由船政出身的曾瑞祺、黄显宗(章)在日本川崎厂监造的炮舰。

"永丰"号
由船政出身的李国圻、郑贞瀧在日本三菱厂监造的炮舰。

"海琛"号
由船政出身的曾宗瀛、林鸣埙在德国伏尔铿厂监造的巡洋舰。

"肇和"号
由船政出身的林葆怿在英国阿摩士庄厂监造的巡洋舰。

"应瑞"号
由船政出身的李和、黎弼良在英国威克斯厂监造的巡洋舰。

四、船政毕业生在海军部和舰队任职情况

1910年12月4日改筹办海军事务处为海军部，任要职的多为船政出身的毕业生。

萨镇冰
原筹办海军事务处海军大臣，后任海军部巡洋、长江两舰队统制。

清末海军部旧址
在今北京张自忠路中国社科院日本研究所内。

第三章
重建海军、辛亥革命中的船政毕业生

姓名	船政毕业届别	职　　务	海军军衔
萨镇冰	驾驶班二届	巡洋、长江两舰队统制（相当于海军总司令）	副都统加正都统衔
程璧光	驾驶班五届	先任海军部第二司（后改船政司）司长，后任巡洋舰队统领（司令）	协都统
严　复	驾驶班一届	海军部一等参谋官	协都统
吴应科	驾驶班八届	署理巡洋舰队统领	协都统衔
徐振鹏	驾驶班八届	先任军制司司长，后任驻沪海军一等参谋官	协都统衔
李鼎新	驾驶班四届	署理军法司司长	海军正参领
郑清廉	制造班一届	署理军政司司长	海军正参领
李　和	驾驶班一届	驻英威克斯船厂监造员	海军正参领
林葆怿	驾驶班九届	先任"海容"管带、军法司司长，后任驻英阿摩士庄（阿姆斯特朗）船厂监造员	海军正参领
黄钟瑛	驾驶班十一届	"海筹"舰管带（舰长）	海军副参领
宋文翙	驾驶班八届	"江元"舰管带，后任"镜清"舰管带	海军副参领
朱声冈	驾驶班九届	"楚有"舰管带	海军副参领
林颂庄	驾驶班十一届	"飞鹰"舰管带，后任"海筹"舰管带	海军协参领
许建廷	驾驶班十六届	"联鲸"舰管带	海军协参领
李国堂	驾驶班十六届	"楚同"舰管带	
魏子浩	驾驶班十七届	"楚有"舰管带	
周兆瑞	驾驶班十一届	"江贞"舰管带	
陈训泳	驾驶班十六届	"海筹"舰副长	
林舜藩	驾驶班十九届	"江犀"副长	
刘冠雄	驾驶班四届	"飞鹰""海天"舰管带、海军军制司科长	
魏　瀚			
贾凝喜	驾驶班九届	北洋海军文职官员、后任海军部科长	
陈兆锵	管轮班二届	"海天"总管轮	

沧浪为我洗烟峰

程璧光
先任海军部第二司司长，后任巡洋舰队统领，海军协都统。

严复
海军部一等参谋官，海军协都统。

吴应科
署理巡洋舰队统领，海军协都统衔。

徐振鹏
先任海军部军制司司长，后任驻沪海军一等参谋官，海军协都统衔。

郑清廉
海军部署理军政司司长，海军正参领。

魏瀚

林葆怿

李和

李鼎新
海军部署理军法司司长，海军正参领。

"海筹"号
黄钟瑛任管带，陈训咏任副长。

"楚有"号
朱声冈任管带，继任是魏子浩。

第三章
重建海军、辛亥革命中的船政毕业生

"江贞"号
周兆瑞任管带。

"飞鹰"号
林颂庄任管带。

"联鲸"号
清海军大臣座舰，许建廷任管带。

"江元"号
宋文翔任管带。

"楚同"号
李国棠任管带。

"江犀"号
林舜藩任副长。

第二节
反对意大利租借三门湾的船政出身的海军将领

甲午战后，帝国主义列强纷向清政府租借军港作为他们在远东的海军基地，破坏中国海防。1897年德租胶州湾，俄租旅顺、大连；次年英租威海卫、九龙，法租广州湾；1899年意大利亦欲援例，派军舰数艘来中国，要求租借三门湾，遭叶祖珪（船政驾驶班一届）、萨镇冰（船政驾驶班二届）、刘冠雄（船政驾驶班四届）反对，总理衙门严词拒绝，意大利租借遂未果。

全国海岸线中点——浙江三门湾
　　1899年2月意大利派军舰6艘进行恫吓，欲租借三门湾为其海军基地，遭到船政出身的海军将领的反对，未果。

第三章
重建海军、辛亥革命中的船政毕业生

第三节
在日俄战争中捍卫海疆主权

日本自三国干涉还辽后,仇俄日切,义和团运动被镇压后,日俄对中国东北地区的争夺日益加剧。1904年2月,日本海军偷袭旅顺、仁川两港停泊的俄舰,两国开战。中国划辽河以东为战区,宣告中立。日俄战争中,俄逃舰逃入上海的,按照中立条规,中国海军解除其军械,为之提供保护;逃入烟台港的,日本无视中立国主权,日舰强行入港将其掳去。萨镇冰气愤之下辞职,后被挽留。

俄国逃舰"奥斯科"号及鱼雷艇"格罗苏福意"号由旅顺突围逃入上海,日舰驶入捕捉,时萨镇冰率"海圻""海筹"舰驻防吴淞口,力阻日舰,并按中立条规解除俄舰军械,为之提供保护,维护了国家尊严,但日舰仍在吴淞口外监视。

日俄战争中,中国虽局外中立,但仍损失一艘中国最大巡洋舰"海天"号。1904年4月,该舰奉令赶赴江阴接运军械,以济辽西"中立"之需,因途中遇雾,"海天"号

日俄舰队在日本海激战

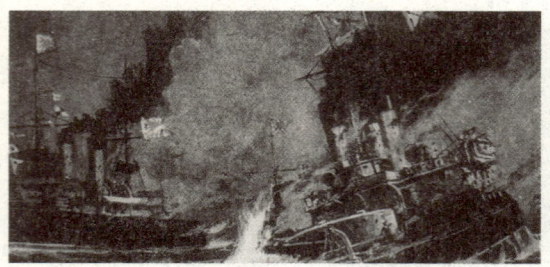

沧浪为我洗烟峰

俄国军舰被日军鱼雷击沉场面

被鱼雷击伤的俄国战舰
1904年2月8日，日本海军偷袭旅顺港外碇泊场，重创沙俄太平洋分舰队。

日本海军多次以填塞海船封闭旅顺港失败图

中国官员与在中国国土上厮杀的日俄强盗合影
日俄战争中，清政府实行屈辱的"局外中立"政策，派遣官吏在奉天（今辽宁沈阳）会见日俄两国军事指挥官，宣布划辽河以东为战区，中国宣告中立。

"海天"号罹难

遁入烟台港却被日舰掳走的俄舰
俄国逃舰"勒斯起及纳"号逃入烟台港，后被日军舰掳去。日本无视中立国主权，萨镇冰曾气愤辞职，后被挽留。

第三章
重建海军、辛亥革命中的船政毕业生

遁入上海港的俄舰幸免于难

驶至吴淞口海面时，误撞鼎星岛搁浅，旋即拆废。管带刘冠雄（船政驾驶班四届）按罪当斩，后由袁世凯力保，被革职。

第四节
船政毕业生在辛亥革命中的作用

宣统三年八月十九日晚间（1911年10月10日），武昌新军工程营起义，辛亥革命爆发，接着汉阳、汉口也先后举义。辛亥党人通过武装斗争建立湖北军政府，清廷惊慌万分，一面派陆军大臣荫昌率北洋军南下，一面急电海军统制萨镇冰率舰队赴援。下面介绍海军中船政出身的舰长在辛亥革命中发挥的作用。

一、辛亥革命初海军奉命镇压革命军

逃出总督府的两湖总督瑞澂在"楚豫"舰上命"建威"舰和由宜昌刚下驶的"江元"舰炮击龟山革命军炮队，"江元"被击中一弹，转舵下驶遁至"楚豫"之后，"楚豫""建威"退至下游，等待援军，后"楚豫"逃往上海。

海军统制萨镇冰一面电山东、广东海面的舰艇星夜开赴武昌，一面亲驾"楚有"舰赴汉，指挥海军对革命军作战。

沧浪为我洗烟峰

武昌湖北军政府
中国资产阶级建立的第一个革命政权。大门树起革命的十八星旗帜，纪年称黄帝纪元四千六百零九年。

瑞澂
清湖北湖南总督瑞澂从总督府墙洞中逃出，后乘"楚豫"舰逃往上海。

"楚豫"号

双方反复争夺的刘家庙

集结在武昌江面的清海军舰艇

第三章
重建海军、辛亥革命中的船政毕业生

清舰队炮击武昌

萨镇冰

10月26日晨驻阳逻的海军绕过青山炮队至湛家矶附近猛攻革命军阵地，刘家庙失守，下午革命军反攻，夺回刘家庙，革命军伤亡千余人。

10月28日革命军向刘家庙附近的清海军舰艇发炮轰击，互轰20分钟，清舰未有一舰中炮，萨镇冰率舰下驶，并通知英领事下午3时炮轰武昌。下午3时30分海军发炮300余发，革命军伤亡惨重，撤出刘家庙。清北洋军将领冯国璋下令进攻汉口。

北洋军第一军占领刘家庙之后受命进攻汉口，29日第二次猛攻汉口，下令纵火烧房，焚烧一段，进攻一段，革命军终因牺牲太大，放弃汉口，退守汉阳。

冯国璋

二、驻沪海军率先反正

11月1日，清陆军在海军协助下攻占汉口全市，汉口因冯国璋下令纵火焚烧，几化为

"策电"号

上海吴淞炮台的官兵于11月2日起义，首先宣布独立

127

焦土。焚烧5昼夜，死伤及无家可归者难以数计。民众扶老携幼、纷纷逃避，三镇人民大受其害，海军将士愤其肆虐，从此同情革命。

在吴淞口的"策电"号炮舰官兵经大副林舜藩（船政驾驶班19届）暗中进行革命宣传，于11月2日以餐桌白布罩代替义帜，正式宣布易帜。这是清海军在辛亥革命中起义的第一艘军舰。在江南制造局附近的清舰"建安""南瑞""登瀛洲""湖鹏""辰""宿""列"号等舰，在海军留日回国学生宋振、王时泽等8人策动下宣布起义，至此驻沪海军全部反正。

大火中的汉口

"湖鹏"鱼雷艇
海军留日回国学生王时泽等由制造局取出旧炮移置江边虚张声势，并乘舢板登上"湖鹏"策动革命。

参加革命的"宿""列""辰"号（同型）鱼雷艇

参加革命的"建安"舰
（船政制造，与"建威"同型）

表示赞成革命的"南瑞"舰

三、驻宁海军镇江举义

11月5日江苏巡抚程德全在苏州宣布独立，改称江苏都督，7日江苏新军第十八协第三十五、三十六两标于镇江宣布起义，公推闽人林述庆为镇军都督。驻泊南京的清海军以船政出身的"镜清"舰管带宋文翙为首，联络"南琛""楚谦""楚泰""建威""江元""江亨"等13艘军舰官兵，在革命党人陈复等影响下决定起义，自下关拔锚起航驶往镇江。

"镜清"舰（与"寰泰""开济"号同型，船政制造）
管带宋文翙，船政驾驶班8届毕业。举义后被推为舰队司令。

辛亥革命中在海军中酝酿起义的李世甲

在镇江参加起义的"江亨"舰（与"江元"号同型）

在镇江起义中被推为镇军都督的闽人林述庆

参加起义的"楚同"号
舰长李国堂，船政驾驶班16届毕业。

四、萨镇冰弃职而去，三"海"九江易帜

上海、九江、福建相继独立，湖北军政府又通知各处，不准卖给兵舰粮、煤，在武昌的海军前无去处、后无退路，水上补给线又被切断，且海军中又秘密地进行签名起义活动。萨镇冰进退维谷，知大势已去，他既不愿成为抵制革命的罪人，又不愿当背叛清廷的逆臣。11月11日晚，适有一英舰经过阳逻，萨命"江贞"舰打灯号令其停轮，遂乘舢板登上该舰并在九江领事署住宿一夜，旋由该处乔装商人抵沪，后又转道香港避归福州。萨弃职前命"海筹"舰管带黄钟瑛（船政驾驶班11届毕业）为队长率舰队东下，"尔后军事，尔等各舰艇好自为之"。三舰遂在九江易帜，受到九江军政府的欢迎。

黄钟瑛
"海筹"舰管带（船政驾驶班11届毕业），率"海筹""海容""海琛"三舰在九江易帜。

在九江易帜的"海筹"巡洋舰
同型的"海容""海琛"舰亦参加起义。随后"江贞""湖鄂""湖隼"舰亦开赴九江参加。

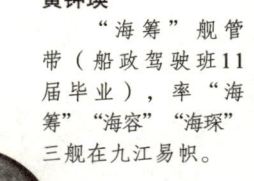

乔装商人弃职而去的清海军统制（总司令）萨镇冰（船政驾驶班二届毕业）

五、海军参加反清作战

各地海军起义后，均调转炮口，协助革命军攻打清军。在九江反正的6舰分成两队，以船政出身的黄钟瑛为第一舰队司令率"海筹""江贞""湖隼"3舰开赴安徽支援革命；而在镇江起义的船政出身的宋文翙率13舰随林述庆军水陆夹攻金陵，其他则随第二舰队司令汤芗铭回援武昌、汉口，截击由京汉铁路南下的清军。

在镇江起义被举为舰队司令的宋文翙（船政驾驶班8届）率"镜清""楚同""楚观""建威"等舰进攻南京，在一次夜袭中发炮百余发，全城震慑，迫使清将张勋夜半从水西门逃遁。

第三章
重建海军、辛亥革命中的船政毕业生

革命烽火中的"海筹"号
由黄钟瑛任舰长的"海筹"号巡洋舰开赴安徽支援革命,安徽平定后东下会攻南京。

"楚同"号
进攻南京的舰艇之一,舰长李国堂(船政驾驶16届毕业)。

海军辛亥举事战友
左为"楚同"舰长李国堂,右为进攻南京的舰艇之一的"楚观"号舰长吴振南,后任镇江军政府海军处处长。

"江贞"舰(原舰长杜锡珪,杜升"海容"舰长后,由船政出身的周兆瑞接任)

进攻南京时的"镜清"舰

进攻南京并攻占狮子山等炮台的上海海军陆战队

开赴安徽支援革命的"湖隼"号鱼雷艇

六、南京临时政府成立，清朝海军新生

1911年12月29日，起义各省代表在南京举行临时大总统选举，一致选举孙中山为中华民国临时大总统，宣告中华民国临时政府成立，决定采用公历，以宣统三年十一月十三日（1912年1月1日）为中华民国元旦，并成立海军部，标志着清王朝海军覆亡。

孙中山对振兴海权十分重视，认为"争太平洋之海权，即争太平洋之门户权，人方以我为争，我岂可置之不知不问"。在他所著的《国防十年纲要》中将海军列为国防建设之首要。

中华民国临时大总统孙中山

（一）海军北伐

黄钟瑛任海军总长后，南北和议代表在上海开始谈判。黄认为袁世凯诡计多端，和议前途未可乐观，遂组织海军北伐舰队，由海军次长汤芗铭任司令，于1912年1月16日率"海容"等5舰北上讨伐。

北伐舰队由"海琛"（舰长林建章）、"海容"（舰长杜锡珪）、"海筹"（舰长林颂庄，船政出身）、"南琛"（舰长林永谟）、"通济"（舰长葛宝炎）5舰组成，1912年1月16日由上海出发。

北伐舰队抵烟台时，烟台已经独立，驻烟台的"舞凤"舰舰长王传炯被推为烟台都督。

北伐舰队以烟台为补给枢纽，常派各舰往大沽、登州、营口等地巡弋，威胁北京。1912年2月1日夜，北伐舰队护送北伐军从貔子窝、花园口、大孤山一带登陆，与清军激战，占领瓦房店、庄河，给东北革命党人以鼓舞，北伐军总司令移驻大连，革命形势大好。

中华民国五色旗

北伐舰队司令汤芗铭
司令之下设参谋4人，由留日归来的李静、凌霄、王时泽、姚葵常担任。

黄钟瑛戎装像
船政驾驶第11届毕业的黄钟瑛出任南京临时政府海军总长。

第三章
重建海军、辛亥革命中的船政毕业生

南京临时政府海军部（原江南水师学堂）

1912年1月13日，海军总长黄钟瑛命令南琛、海容、海琛诸舰驶往秦皇岛，接应各省

海军总长黄钟瑛命令"海琛"等舰驶往秦皇岛北伐

北伐舰队出师

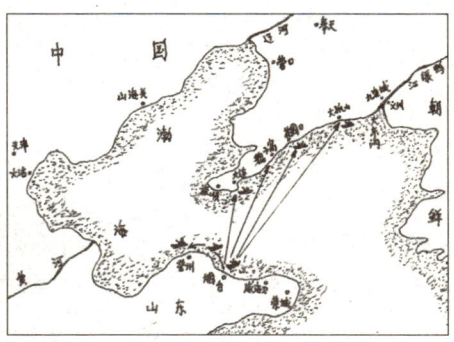

北伐舰队以烟台为补给基地

北伐舰队进抵烟台

"舞凤"号

随北伐舰队出发的福建学生军北伐队

七、袁世凯窃国

在北方革命形势大好之际，南北和谈成功，宣统三年十二月二十五日（1912年2月12日），隆裕太后在袁世凯的逼迫下，下诏宣布溥仪退位，于是清亡。根据和议，孙中山在袁通电赞成共和后，提出辞职，2月15日参议院选袁为临时大总统。这样，北方的清王朝和南方的临时革命政府都把政权交给了大军阀袁世凯，中华民国进入北洋军阀统治的北京政府时期。

宣布退位的宣统帝溥仪

窃取辛亥革命果实的清内阁总理大臣袁世凯

第五节
清末福建船政大臣总汇

船政历届主持一览表

职衔	姓名	原职务	任职年月	备注
船政大臣	沈葆桢	江西巡抚	同治六年六月十七日至光绪元年十月一日（1867.7.18~1875.10.29）	特任，有专折上奏之权
船政大臣	丁日昌	北洋帮办大臣	光绪元年十月十二日至光绪二年五月一日（1875.11.9~1876.5.23）	特任，十二月兼福建巡抚
督办船政	吴赞诚	顺天府尹	光绪二年五月一日至光绪五年九月初八日（1876.5.23~1879.10.22）	以三品京堂候补督办福建船政

第三章 重建海军、辛亥革命中的船政毕业生

续表

职衔	姓名	原职务	任职年月	备注
督办船政	黎兆棠	直隶按察使	光绪六年二月二十一日至光绪九年二月十七日（1880.3.30~1883.3.25）	
督办船政	张梦元	福建按察使	光绪九年二月十七日至光绪九年十二月一日（1883.3.25~1883.12.29）	免福建按察使
船政大臣	何如璋	翰林院侍读学士	光绪九年十二月一日至光绪十年七月十八日（1883.12.29~1884.9.7）	马江战败后受到处分
船政大臣	张佩纶	三品卿衔翰林院侍讲学士	光绪十年八月十五日至光绪十年十二月十三日（1884.10.3~1885.1.2）	以会办大臣兼署船政大臣
船政大臣	裴荫森	初以署理后以实缺福建按察使督办船政（三品卿堂候补）	光绪十年十二月二十四日至光绪十六年三月初二（1885.2.8~1890.4.20）	后以补授光禄寺卿任船政大臣，仍在马尾
兼管船政	卞宝第	闽浙总督	光绪十六年三月初二至光绪十八年正月二十日（1890.4.20~1892.2.20）	
兼管船政	谭钟麟	闽浙总督	光绪十八年正月二十日至光绪二十一年二月十六日（1892.2.20~1895.3.12）	
兼管船政	边宝泉	闽浙总督	光绪二十一年二月十六日至光绪二十二年六月十八日（1895.3.12~1896.7.28）	
兼管船政	裕禄	福州将军	光绪二十二年六月十八日至光绪二十四年闰三月初十（1896.7.28~1898.4.30）	由总办船政杨正仪代表边宝泉向裕禄移交船政关防
兼管船政	增祺	福州将军	光绪二十四年闰三月初十至光绪二十五年三月（1898.4.30~1899.4）	提调徐建寅代表裕禄向增祺移交关防
兼管船政	善联	福州将军	光绪二十五年三月至光绪二十五年七月初五（1899.4~1899.8.10）	
兼管船政	许应骙	闽浙总督	光绪二十五年七月初五至光绪二十六年二月（1899.8.10~1900.3）	

续表

职衔	姓名	原职务	任职年月	备注
兼管船政	善联	福州将军	光绪二十六年二月至 光绪二十六年八月初三 （1900.3~1900.8.27）	再次兼管
兼管船政	许应骙	闽浙总督	光绪二十六年八月初三至 光绪二十七年四月十八 （1900.8.27~1901.6.4）	再次兼管
兼管船政	景星	福州将军	光绪二十七年七月十五至 光绪二十八年正月二十八 （1901.8.28~1902.3.7）	
兼管船政	崇善	福州将军	光绪二十八年十月初三至 光绪三十三年八月 （1902.11.2~1907.9）	
会办船政	沈翊清	船政提调	光绪二十八年四月八日至 光绪二十九年四月 （1902.5.15~1903.5）	调练兵处行走、陆军部参议
会办船政	魏瀚	广西候补道，船政工程处总司、道员	光绪二十九年闰五月初三至 光绪三十年五月 （1903.6.27~1904.6）	赏四品卿衔
会办船政	郑清廉	船政工程处总司，船政首届出洋学生	光绪三十一年（1905）全年	
兼管船政	松寿	闽浙总督	光绪三十三年八月至 宣统三年九月 （1907.9~1911.11）	福州革命党人起事，松寿吞金自尽

注：1. 本表根据《船政奏议汇编》《船政奏议续编》及《船政大事记》（陈道章）、《福建船政局史事纪要编年》（郑剑顺）等编制。2. 杨正仪，系陕甘总督杨岳斌之子，由工部主事、福建记名道员充船政委员，后升总办船政，但此职并非与船政大臣同级，系二级领导，与提调同级，本表故不列入，次年，光绪二十二年六月才"以总理局务福建题奏道杨正仪为总稽查"。可资证明。3. 郑清廉任会办船政系根据陈道章《船政大事记》记载及林庆元《福建船政局史稿》记载。但《清末海军史料》载："魏京卿（魏瀚——作者）旋即被议去位，舆论惜之；且从此会办大臣一缺亦并裁去。"说明魏瀚任会办船政大臣去职后，船政即未再设会办大臣一职。又《福州船政纪略》载："魏瀚与将军政见不合，被议而去，船政亦裁去会办大臣之缺。"由此可知，郑清廉是否任会办船政值得商榷，本表暂列入之。

第三章
重建海军、辛亥革命中的船政毕业生

沈葆桢

福州宫巷沈葆桢故居

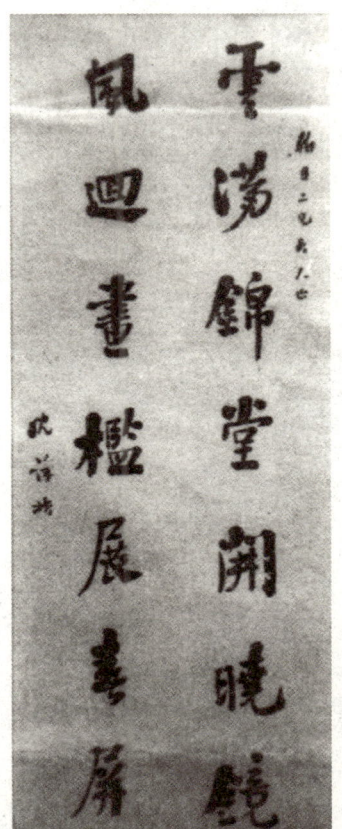

沈葆桢墨宝

首任船政大臣沈葆桢,任期8年2个月。

第二任船政大臣丁日昌,原北洋帮办大臣,后兼福建巡抚,但任期仅7个月。

第三任吴赞诚,以顺天府尹、三品京堂候补督办船政,任职3年6个月。

第四任黎兆棠,以直隶按察使督办船政,任职3年。

丁日昌

第五任张梦元,原福建按察使调为督办船政,任职9个月。

第六任何如璋,以翰林院侍读学士出任船政大臣,任职9个月。

第七任张佩纶,三品卿衔翰林院侍讲学士,以会办大臣兼署船政大臣,任职4个月。

第八任裴荫森,初以署理后以实缺福建按察使三品卿堂候补督办船政,任职5年5个月。

第九任卞宝第,以闽浙总督兼管船政,任职1年10个月。

第十任谭钟麟,以闽浙总督兼管船政,任职3年1个月。

第十一任边宝泉,以闽浙总督兼管船政,任职1年4个月。

第十二任裕禄,以福州将军兼管船政,任职1年9个月。

沧浪为我洗烟峰

丁日昌的广东揭阳府第

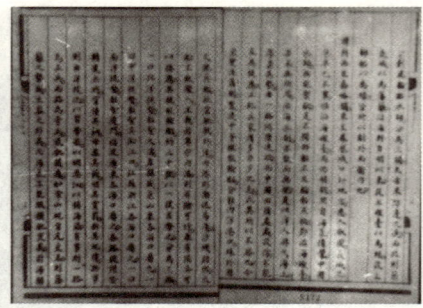

《抚吴公牍》书影

丁日昌著《抚吴公牍》，建议建设三洋（北洋、中洋、南洋）海军。

1878年何如璋（左四）出任驻日使臣时摄于中国驻日本公使馆（右一为黄遵宪）（何伟提供）

何如璋（何伟提供）

广东大埔何如璋故居外貌（何伟提供）

何如璋广东大埔故居"人境庐"（何伟提供）

第三章
重建海军、辛亥革命中的船政毕业生

张佩纶

李鸿章之妻及女
女即张佩纶第三任妻子。

张佩纶第三任妻子
女孩即张爱玲,长大后成为现代文学家。

裴荫森 　　边宝泉 　　裕禄

增祺

第十三任增祺,以福州将军兼管船政,任职1年。

福州将军善联两任兼管船政。第十四任1899年4月至1899年8月计5个月。第十六任从1900年3月至1900年8月计5个月。

闽浙总督许应骙两任兼管船政。第十五任1899年8月~1900年3月计8个月。第十七任1900年8月~1901年6月计8个月。

第十八任景星,以福州将军兼管船政,任职7个月。

第十九任崇善,以福州将军兼管船政,任职5年。

第二十任松寿,以闽浙总督兼管闽海关兼署福州将军兼管船政,任职5年3个月。辛亥革命时福州革命党人起事,1911年11月9日吞金自尽。

沧浪为我洗烟烽

善联　　　许应骙　　　松寿

郑清廉
会办船政大臣，任职1年。首届出洋学生。

沈翊清
会办船政大臣，以原提调充任，系沈葆桢之长孙，由景星荐举，在职1年2个月，后因与崇善不睦，被迫交卸，调练兵处行走、陆军部参议。

魏瀚
会办船政大臣，时在河南许州临颍铁路当差，系广西补用道，清廷赏以四品卿衔会办船政，任职年余。后因反对崇善办铜元厂，被参离开船政。